を
煽られる
子どもたち

ネット依存といじめ問題を考える

土井 隆義

岩波ブックレット No. 903

第1章　メビウスの輪の翳《かげ》り

つながり過剰症候群

昨今の子どもたちにとって、ケータイ（携帯電話）やスマホ（スマートフォン）などのモバイル機器は、友だちとの人間関係を円滑に維持していくために必須のツールとなっています。高校生はもちろんですが、いまや中学生や小学生でも、それらの機器を駆使している子どもたちが多く見られます。なかにはパソコンも器用に使いこなし、大人顔負けの関係マネージメントを行なっている者もいるようです。これらのインターネット接続機器がないと、現在では日常の人間関係を維持することすら難しくなっているのです。

人間関係のマネージメント・ツールとして、日本の子どもたちが最初に手に入れたモバイル機器は、おそらく一九九〇年代に流行したポケベル（ポケットベル）でしょう。その後、ピッチ（ＰＨＳ）からケータイへと、その主役は移り変わってきました。それでもまだ当時は、音声通話がメール機能に取って代わられた程度でした。しかし、さらにその後、ネットへの接続が一般的になるにつれ、ブログや掲示板、チャットなどが新しいコミュニケーション・ツールとして普及してきます。そして今では、スマホが一気に普及したことにより、たとえばＬＩＮＥのようなアプリ（アプリケーション・ソフトウェア）による二四時間の常時接続もごく普通のことになりました。

今日の子どもたちは、これらのネット機器を介して、互いの息づかいをつねに確認しあっています。メールが主流だった頃にも、いわゆる「三〇分ルール」のように、できるだけ短時間で返事を出すのがマナーと一部ではいわれたりしました。しかし、それでも当時のメッセージのやり取りには、音声通話とは違ってまだ時間的なズレがかなりあり、基本的に非同期のコミュニケーションといえました。

ところが、LINEのようなスマホのアプリでは、ごく簡単な操作で自分のメッセージをただちに相手へ届けられ、しかも相手がそれを読んだかどうかも即座に確認することができます。そのため、「三〇分以内に」などと悠長なことはいっていられないほど同期性が増し、音声通話とほぼ同じリアルタイムでのコミュニケーションが、しかし音声通話とは違って時間と場所をまったく気にせずに繰り広げられるようになりました。

このようなモバイル機器の飛躍的な技術革新も相まって、昨今の子どもたちの間では、人間関係の常時接続化が急速に進んでいます。その結果、ネット依存と呼ばれる現象が大きな社会問題として浮上してきました。厚生労働省の補助金を受けた研究グループ(代表・大井田隆日本大学教授)が二〇一三年に行なった調査の推計によると、現在、ネットへの依存度が高い中高生は全国に約五二万人いるそうです。その六割には睡眠の質に問題があり、また二割には寝つきの悪い傾向も見受けられたと報告されています。

もちろん、ネット依存の原因は人間関係の常時接続化だけではありません。一口に依存といってもその様態はいろいろで、コミュニケーション・アプリを介した他者との交流にのめり込む者がいる一方で、オンラインゲームや動画など多彩なコンテンツの魅力にはまり込む場合もあります。前者のつながり依存と後者のコンテンツ依存とでは、その背景が異なっていますから、対処法もまた違ったものになるでしょう。しかし、後ほど詳しく述べますが、昨今の子どもたちが陥りがちなのは、圧倒的に前者のつながり依存なのです。

また、近年の学校では、生徒どうしの関係トラブルも目立つようになっています。かつて学校での関係トラブルといえば、一九八〇年代に「校内暴力」という言葉が一世を風靡《ふうび》したように、教師と生徒の間で起こるものが定番でした。ところが、組織的な対教師暴力はいまやほとんど見られなくなり、それと入れ替わるように生徒間暴力がクローズアップされるようになりました。いじめがその典型で、被害を苦にした自殺者も出るほど深刻化しています。

しかも、今日のいじめ問題では、殴る蹴るといった肉体的な暴力よりも、いやがらせや暴言などの精神的な暴力のほうが目立つようになっています。そのため、いじめの舞台も学校空間に限定されることなく、ネット空間へと広がってきました。いわゆる「ネットいじめ」と呼ばれるものですが、その被害に遭うのを避けるために気を遣って常時接続を止められず、仕方なくネット依存に陥ってしまう子どもたちも見られるほどです。

いじめは人間集団に普遍的な現象という人もいます。しかし、今日のいじめには従来とは違った特徴があります。こちらも後ほど詳しく述べますが、それもまたつながり依存から派生しているのです。ネット依存がつながり依存から生じているというのなら、どちらも嗜癖《しへき》の問題ですから、おそらく誰でも理解しやすいでしょう。しかし、いじめ問題がつながり依存から生じているといわれても、少し分かりづらいかもしれません。いじめとはつながりを断ち切ってしまう行為だと一般にはみなされているからです。

つながり依存といじめは、たしかに表面上は相反する現象のように見えます。しかし、人間関係への強いこだわりが背後に潜んでいる点で、じつはネット依存と同根の現象なのです。今日のいじめは、人間関係を破壊するものではなく、むしろそれを維持する手段となっているからです。そこでこの小冊子では、つながり依存から派生しているこれらの諸問題を「つながり過剰症候群」と捉え、そこへ至る社会背景と心理メカニズムについて考えてみたいと思います。

多様化する価値観

ネット依存もいじめ問題も、早急に対処しなければならない由々しき現象です。しかし、ものごとは冷静な目で見つめなければなりません。ＮＨＫ放送文化研究所が一九八二年から五年おきに実施している「中学生・高校生の生活と意識調査」によれば、学校を楽しいと感じる中高生はほぼコンスタントに増えつづけており、最新の二〇一二年調査では、中学生と高校生のどちらも九五％を超えています。

気になるのはその理由ですが、中学生の約七割、高校生の約八割が、友だちと話したり一緒に何かしたりすることがいちばん楽しいと答え、部活動などの二位以下を大きく引き離しています。同様の傾向は、一九七〇年代の初頭から同研究所が継続して行なってきた「日本人の意識調査」でもうかがえます。人間関係に満足していると回答した人の割合は、高年齢層では現在までほとんど変化がないのに対し、若年層では二〇〇〇年を越えたあたりから大幅に上昇しているのです。

また、内閣府が行なっている「世界青年意識調査」で日本のデータを眺めても、まったく同様の傾向がうかがえます。友人や仲間といるときに充実感を覚えると回答した一八歳から二四歳の若者は、一九七〇年代にはまだ半数程度だったのですが、一九九〇年代後半からはずっと七〇%台を保っています。では、人間関係に対する彼らの満足度が上昇してきたのはなぜでしょうか。

以前を振り返ってみると、同じ地域の住民だから、同じ親族の一員だから、同じ会社の社員だからといったように、社会的な枠組みに同じく属することが人間関係を支える強力な基盤となっていました。逆にいえば、当時の人間関係は、その多くが社会的な制度に強く縛られていました。子どもたちの世界においても同様で、たとえば同じ学校やクラスの生徒になった以上は仲間でなければならないとか、同じ部活のメンバーである以上は助けあわなければならないとか、そういった規範的な圧力が少なからずありました。

しかし、日本社会が成熟期を迎えるとともに、私たちは旧来の制度や規範へのこだわりを弱め、それらに縛られない自由で多様な価値観を持つようになります。右で触れた「日本人の意識調査」によれば、日本人の価値観は一九七〇年代から徐々に多様化しています。様々な質問項目を総合的に解析し、「林の数量化三類」という統計手法を使って共通の傾向を探っていくと、「伝統志向」から「伝統離脱」へとシフトしていることが分かるのです。**図1-1**が示すように、とくにその傾向を推し進めているのは若い世代です。

いきなり話は変わりますが、芸能プロデューサーの秋元康さんが仕掛けたＡＫＢ48は、いまや日本の芸能界で押しも押されもしない最強の人気グループでしょう。毎年六月に行なわれる彼女たちの総選挙は、すでに初夏の風物詩となった観すらあります。従来からあったタレントの人気投票とは違って、この選挙では獲得票数で次回発売のシングルＣＤの選抜メンバーと、そのポジションが決まります。ＡＫＢの面々にとってはまさにアイドル生命をかけた真剣勝負です。

しかし、ＡＫＢが話題になりはじめた当初は、秋元さんが自らの眼力だけで、選抜メンバーのすべてを決めていました。秋元さんは、以前にもアイドル・グループの「おニャン子クラブ」を大ヒットさせ、その後は名プロデューサーとして芸能界に不動の地位を築いた人物です。その彼が、業界のプロフェッショナルとしての視点から、タレントたちの様々な魅力を総合的に評価して、選抜メンバーを決めていたのです。

ところが、やがてその決定に対して、「なぜ、あの子が入って、この子が入らないのか？」とファンたちからクレームが多く寄せられるようになります。ファンたちの評価のまなざしはあまりに多種多様で、業界のプロフェッショナルといえども、それらのすべてを汲みとることは不可能になっていたのです。しかし、そこはさすがに名プロデューサーです。批判の大合唱に逆に商機を嗅ぎ取った秋元さんは、ファンた

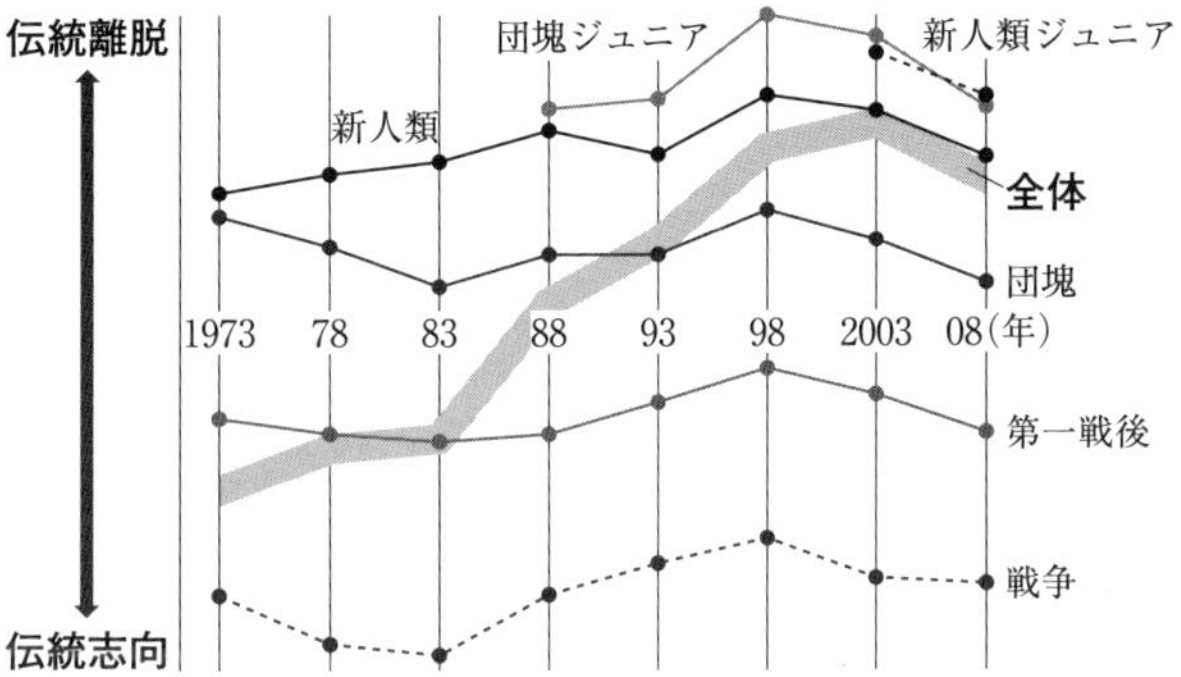

図 1-1　日本人の価値意識の変化

（NHK 放送文化研究所「日本人の意識調査」から作成）

ちがメンバーを自ら選抜できる投票券をつけたCDを売り出し、新たなビジネスとして成功させてしまいました。

この経緯を振り返ってみると、AKB総選挙の大ヒットは、今日の若者たちの価値観の多様化を物語っているといえます。秋元さんのような名プロデューサーといえども、ファンの趣向を一括して捉えられないほど、若者たちの価値観は多様化しているのです。かつて評価の序列性が明確に存在していた頃とは違って、今日では多様な評価基準がいずれも等価に併存するようになっています。いまや専門家の判断ですら、その並列化した選択肢の一つにすぎず、素人の判断より優位性を保っているとは感じられなくなっているのです。

人間関係の自由化

このような価値観の多様化は、人間関係の築かれ方にも影響を与えます。端的にいえば、その自由化とフラット化を推し進めるのです。AKBのファンたちも、芸能界で名をはせるプロデューサーの決定だからといって、それに納得などせずに、大ブーイングを繰り広げたのでした。彼らは、アイドルとの関係もフラットだと感じています。だから彼らは、アイドルを「追っかける」とは表現せずに、「推す」と表現するのです。お気に入りのタレントを自分たちの票の力で人気者にしてやるといった感覚なのでしょう。

タレントの側もそれは同じです。かつてのタレントたちは、よほどの人気者でもないかぎり、アイドルとは自称しませんでした。アイドルとはファンたちに仰ぎ見られるものという感覚があったからです。しかし今日では、まだ駆け出しのタレントでも、臆することなくアイドルをやっていると自称します。この「やっている」という表現が示すように、ファンとの関係は基本的にフラットな役割分担にすぎないと感じるようになっているのです。

さて、話を戻しましょう。このような人間関係の変化は、一般の日常生活にも当てはまります。今日では、たとえば地縁や血縁などの伝統的な共同体も、あるいは学校や職場のような社会的な団体も、かつて有していた強い拘束力を徐々に弱めてきました。また、友だちのような自発的に作り上げられる関係も、その自由度をさらに高めてきました。

もちろん現在でも、友だちになる最初のきっかけは、たまたま近所に住んでいたとか、クラスが一緒だったとか、かつてと大して違っていないでしょう。しかし、その後の関係を維持していく上で、制度的な基盤が果たす役割は大幅に小さくなっています。同じクラスの生徒だからといって、自分と気の合わない相手と無理をして付きあう必要などないし、同じ部活の一員だからといって、無理をして助けあう必要もない。制度的な枠組みの拘束力が弱まっていくなかで、そう考える子どもたちが増えています。

また、近年のネット環境の発達は、その傾向にさらに拍車をかけています。とりわけモバイル機器の発達は、子どもたちの人間関係に大きな変化をもたらしました。いまではクラスや部活にとらわれない複層的な人間関係が、学校のなかで同時に築かれるようになっています。たとえば、各自の趣味趣向に応じて、気の合う仲間ごとにグループを使い分け、それらの関係を同時並行で進めることも簡単になりました。学校ではほとんど口をきかない生徒どうしが、ＬＩＮＥのグループ内では密接につながっていたりもします。

ネットを介して作られる人間関係は可視性が低く、学校の教師や親たちからほとんど見えません。しかし、だからこそ、子どもたちがまったく自由に人間関係を築ける場が、それこそ飛躍的に拡大してきたのだともいえます。このように、今日の子どもたちの間では、人間関係の自由化とネット環境の発達が相まって、既存の制度や組織に縛られない人間関係づくりが広がってきました。不本意な相手との関係へ無理矢理に縛られることが減ったのですから、人間関係への満足度が上昇してくるのも当然の結果といえるでしょう。

自由な関係の二面性

つねに誰かとつながっていたいという子どもたちの欲求が、今日のネット環境の普及によって満たされやすくなったのは事実です。ネットのおかげで、いまや私たちは、いつどこに居ても、つながりたい相手と即座に接続することが容易になりました。しかし、いつでも誰かとつながれる環境が用意された結果、皮肉にも一人でいるときの孤立感は逆に強まっています。いつでも連絡がとれるはずなのに誰からも反応がないとすれば、それは人間的な魅力が自分にないためかもしれない。そう感じるようになったのです。

このように、近年のネット環境が人間関係の常時接続化を煽《あお》っている側面は、たしかに否定できません。しかし、つながり依存が強まっている理由はそれだけではないはずです。そもそも、これだけモバイル機器が急速に進化したのも、現代の人びとが、とりわけ若者や子どもたちが、人間関係の常時接続化を追い求めてきた結果といえるからです。

たとえば、ケータイが普及する直前に若者たちの間で大流行したポケベルも、その当初は、営業等で出先にいるビジネスマン向けの簡単な呼び出し装置にすぎませんでした。そこへ、またたく間に多彩な文字や記号の表示機能が搭載されるようになったのは、プロバイダーによるマーケット・リサーチによって、もっと濃密で多彩なコミュニケーションをとりたいという当時の高校生たちの切実なニーズを汲みとった製品開発の賜物でした。

では、今日の若者たちが、とりわけ学齢期の子どもたちが、それほど過度のつながり依存を示すようになっているのはなぜでしょうか。つねに誰かとつながっていなければ安心できず、一人でいる人間には価値がないかのように考えてしまう心理には、どのような背景があるのでしょうか。

森永製菓株式会社が二〇一一年に行なった興味深い調査があります。それによると、女子中高生の八四％が、日常的に疲れやストレスを感じていると回答しています。他方、三〇〜五〇代のサラリーマンでは、八〇％がそう回答しています。平たくいえば、世のお父さんたちよりその娘さんたちのほうが、疲れやストレスを感じている人が多いことになります。しかも、中学生と高校生を比較すると、わずかな差ではあるものの、中学生のほうがより強いストレスにさらされているようです。

問題はその疲れやストレスを感じる対象ですが、女子中高生でもっとも多いのは同級生との人間関係で、勉強を凌ぐ多さとなっています。一方、先輩や後輩との人間関係に対しては、さほど疲れやストレスを感じていません。いわばタテの人間関係よりもヨコの人間関係のほうが、はるかに大

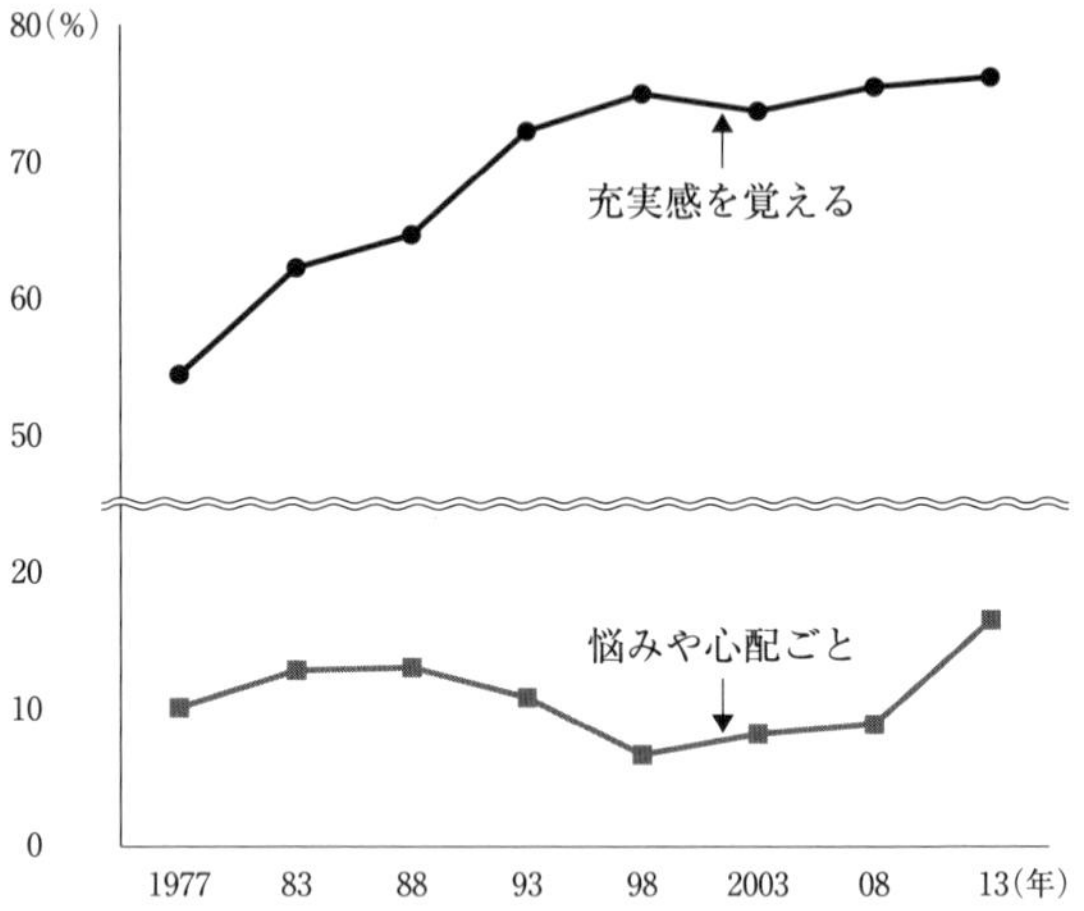

図1-2　友人や仲間のこと(18〜24歳)
(内閣府「世界青年意識調査」から作成)
※2013年の数値は調査方法の変更にともなう補正値
実測値は「充実感」約79%,「悩み・心配事」約45%

きなストレス源となっているのです。ちなみに家庭での人間関係については両者の中間くらいですが、それは後述するように、親子関係が従来のタテの関係からヨコの関係へと徐々に近づいてきたからです。

また、最新調査では私も設計と分析に加わった内閣府の「世界青年意識調査」では、友人や仲間との関係について、その充実感とともに、悩みや心配ごとの対象となっているかどうかも尋ねています。その結果をみると、**図1-2**が示すように、充実感を覚える人が増えるにつれて、そこに悩みや心配を感じる人はある時期まで減っていました。人間関係への満足度が上昇してきたのですから、それは当然のことでしょう。おそらく不満を感じる人が減ってきたのです。ところが、二〇〇〇年代に入るとその傾向が反転します。友人や仲間に悩みや心配を感じる人が再び増えはじめるのです。

同じような現象は、同調査で家族関係について尋ねた設問でも見受けられます。家族といるときに充実感を覚えると答えた人は、一九七〇年代には約二〇%でしたが、二〇〇〇年代には約四〇%に増えています。しかし、それと同時に、家族のことが悩みや心配と感じる人の割合も、一九九〇年代までは減少していたのに、二〇〇〇年代に入ると再び増加へと転じているのです。これは、いったいなぜでしょうか。

この調査では「悩みや心配ごと」としか尋ねていないので、その中身までは分かりません。しかし、友人や家族との関係に不満を覚える人が増えたのでないことは確かでしょう。充実感はずっと上昇しつづけているからです。では、反転して増えはじめた「悩みや心配ごと」とは具体的に何でしょうか。それは、おそらく不安ではないでしょうか。そう解釈すると、表面上は充実感の上昇と相反する現象のように見えて、じつは互いに矛盾するものではないことが見えてきます。

制度的な枠組みが人間関係をかつてのように強力に拘束しなくなったということは、裏を返せば、制度的な枠組みが人間関係を保証してくれる基盤ではなくなり、それだけ関係が不安定になってきたことを意味します。既存の制度や組織に縛られることなく、付きあう相手を勝手に選べる自由は、自分だけでなく相手も持っています。だから、その自由度の高まりは、自分が相手から選んでもらえないかもしれないリスクの高まりとセットなのです。

このように、一面では軽やかで楽しい人間関係も、他面では流動的で壊れやすい関係という顔を持っています。互いに仲良しであることの根拠は、互いにそう思っている感情の共有にしかないからです。このような状況の下では、互いの親密さをつねに確認しつづけないと、その関係を維持していくことが難しくなります。だから、満足感が上昇しながらも、また同時に不安感も募っていくのです。関係を保証してくれる安定した基盤がないので、互いに不安のスパイラルへと陥っていきやすいのです。

いや、なるほど友だちとの関係はそうかもしれないが、しかし親子関係は違うのではないか。そう疑問を抱く人がいるかもしれません。しかし、かつての親子関係とは違って、今日のそれはかなりフラットなものに近づいています。価値観が多様化したことに加えて、第3章で述べるように世代間の意識ギャップも縮小しているからです。それを象徴しているのが「友だち親子」という言葉でしょう。

親子がタテの関係からヨコの関係へ近づいていけば、たしかに風通しもよく居心地のよい家庭になるかもしれません。博報堂生活総合研究所が小学四年から中学二年までを対象に行なった調査によれば、家のなかで一番いる場所は居間と答えた子どもが、一九九七年には五六%だったのに対して、二〇一二年には七六%に増えています。また、家族といるとホッとすると答えた子どもも、三五%から四六%に増えています。思春期からまるで第二次反抗期が消えてしまったかのようです。

しかし、親子がフラットな関係になるということは、子どもの側からしてみれば、親に一方的に身を任せられず、すべてを頼り切ることができないことを意味します。友だちとの関係がそうであるように、相手の期待に沿い、気に入られるような人間でなければ、自分を愛してもらえないのではないか。そういった不安も募っていきやすくなるのです。いや、親とは子どもをまるごと無条件で愛するものだと反論されるかもしれませんが、まだ親になったことのない子どもには、その親の気持ちがなかなか伝わりにくいのも事実でしょう。

このように、友だちとの関係にせよ、親との関係にせよ、その自由化が進んできた結果、今日の子どもたちはそこに強い満足感とともに強い不安感も抱くようになっています。とくに現在のように人間関係を維持するためのツールとしてネットが介在するようになると、その不安はさらに駆り立てられやすくなります。互いに親密さを確認しあうための情報が、基本的には文字情報にかぎられるからです。ネットのコミュニケーションでは、顔色や仕草といった非言語的な情報は抜け落ちてしまいがちです。そのため、言葉の真意を読みとるのが難しく、「本当はどう思っているのだろう?」といった不安が募っていきやすくなるのです。

もちろん、だからこそ、その不足を補おうとして、メールの文章にはフェイス・マークが付加されますし、ＬＩＮＥのようなアプリでも表情を伝えるスタンプ機能が駆使されます。しかし、それでも伝達の基本が文字情報であることに違いはありません。逆にいえば、自分の思いのすべてを文字だけに託そうとするので、どうしても言葉遣いが過激になってしまいがちです。それは、ネットいじめだけの特徴ではなく、ネットのコミュニケーション全般にいえることなのです。

疎外された人間関係

このように見てくると、多くの子どもたちにとって、ネットを介したコミュニケーションの主たる目的は、何か特定の用件を相手に伝えることにではなく、互いに触れあうことにあるといえます。コミュニケーションそれ自体が目的なのです。だから、即座に反応を示さないことは、いわばタッチしてきた相手の手を振り払うような行為とみなされてしまうのです。ケータイからスマホへと主流が移行するにつれ、常時接続へのプレッシャーが強まっていくのもそのためです。

先ほども触れたように、ＬＩＮＥのようなアプリには、そのサービス機能の一つに「既読表示」

があるため、四六時中メッセージをチェックし続ける若者や子どもたちが目立つようになっています。その結果、「LINE疲れ」と呼ばれる状況に追い込まれる者も増えています。それでも彼らがけっしてスマホを手放そうとしないのは、おそらくこのプレッシャーをひしひしと感じているからなのでしょう。

本来、ネットとは、多種多様な人びとが、時間と空間の制約を超えて、互いにつながることを容易にした開放的なシステムのはずです。しかし近年は、身近な仲間どうしが、時間と空間の制約を超えて、互いにつながりつづけることを容易にする閉鎖的なシステムとして使われる機会も増えています。ケータイやスマホなどのモバイル機器をネット接続の端末として用いる場合には、とりわけその傾向が強いようです。

時おり、子どもたちが個人情報をネットに載せてしまい、それを入手した悪質な大人から脅迫を受けるなど、犯罪の被害に遭ってしまうこともありますが、そうしてみると、たんに幼いことからくる無防備さゆえとは片づけられない問題をはらんでいることに気づきます。友だちとの内輪の関係の維持に必死になっているため、その外部の人間にまで気を回す余裕がないことの表れでもあるからです。仲間内で相手の反応を二四時間ずっと確認しあっていなければならないので、その外部にまで注意を払うだけの余裕が残されていないのです。

もちろん、その一方で、日常とはまったく別の人間関係を求めて、出会い系サイトやSNS（ソーシャル・ネットワーキング・サービス）にはまる子どもたちも、一部には見受けられます。しかし、その背後にあるのは、日常の人間関係に対する不全感です。だから、それを代替してくれるバーチャルな関係をネット上に求めるのです。その点で、日常の関係を維持するためにネット接続機器を駆使する子どもたちと、じつはまったく同じ心性を持っています。

学校での人間関係に恵まれない子どもたちが、ネットを駆使して代替の人間関係を探し、そのバーチャルな相手からの反応を過剰に気にかけるのは、リアルな関係から疎外されている欠落感を、それによって埋めあわせるためです。また、生活を充実させるための手段を人間関係以外に持ちえず、そのプレッシャーから自由になりえていないという点では、人間関係以外の選択肢の可能性から疎外されているともいえます。そもそもその前提があるからこそ、人間関係からの疎外が大きな欠落感を喚起してしまうのです。

そう考えるなら、たまたま運よく学校での人間関係に恵まれた子どもたちも、やはり同様に人間関係以外の選択肢から疎外されているといえます。彼らが、その関係をけっして手放すまいと躍起になり、帰宅後もネットを介して互いにつながりつづけ、つねに相手の動向をうかがわざるをえないのは、生活を充実させるための手段をそれ以外に持ちあわせていないからです。だから、学校での人間関係から疎外されることを極端に恐れるのです。

さらに、コミュニケーション系のサイトではなく、ゲームや動画などのコンテンツ系のサイトにのめり込む子どもたちであっても、じつはそれを媒介にして、新たな出会いを求めているケースがけっして少なくありません。コンテンツそれ自体の魅力にはまる子どもたちですら、他の参加者から自分を認めてもらいたいという関係欲求を強く抱いていたりするものです。このように人間関係へ強迫的に追い込まれている点に着目すれば、ここにもまた人間関係以外の選択肢の可能性からの疎外が見られることになります。

いずれの子どもたちも、つねにネットにつながっていたいという欲求の背後に、嗜癖とでも呼ぶべき人間関係への強いこだわりを持ち、そのため生活を充実させる手段として人間関係以外の選択肢を想起しえないという疎外に悩まされています。この疎外こそが、孤立することに対する大きな不安を生み出しているのです。そして、この不安を解消してくれるツールとして、またその不安をさらに煽っていくツールとしても、ネット接続機器は強大な力を発揮しています。

関係不安からの依存

私もアドバイザーとして関わったNPO法人「子どもとメディア」の二〇一三年調査によれば、「ネット以外に自分の居場所がある」「ネット以外に熱中していることがある」「人間関係に恵まれている」と答えた小中高の児童生徒のほうが、そうでない子どもよりもケータイやスマホの使用時間はいずれも長い傾向が見られました。実態をよく知らない大人たちは、リアルな生活が充実していない子どもたちが、ネットの世界に耽溺《たんでき》してしまうのだろうと考えがちです。しかし、それは大きな勘違いです。前の頁で述べたように多少の例外はあるものの、ネットの世界で彼らがつながっている相手の圧倒的多数は、学校などでリアルな日常を共にしている仲間なのです。

この調査によると、年齢が上昇するにつれて、ケータイとスマホの使用時間も増えていく傾向がうかがえます。しかし、**図1-3**を見れば、そのなかでも一三歳と一六歳に山があることに気づくでしょう。前者は「中学デビュー」に、後者は「高校デビュー」にあたる年齢です。どちらも学校での人間関係がまだまだ流動的な時期です。そのため、互いにモバイル機器を駆使して、友だちの獲得競争に励まざるをえないのでしょう。

　このように、リアルの世界とネットの世界は、けっして別のものではありません。表裏一体どころか、メビウスの輪のように表裏に境目がなくなっています。相互に入り混ざり、つながりあっているのです。換言すれば、現実の人間関係とは別の世界がネット上に構築されているのではなく、むしろ現実の人間関係がネット上にまで拡張されているのです。

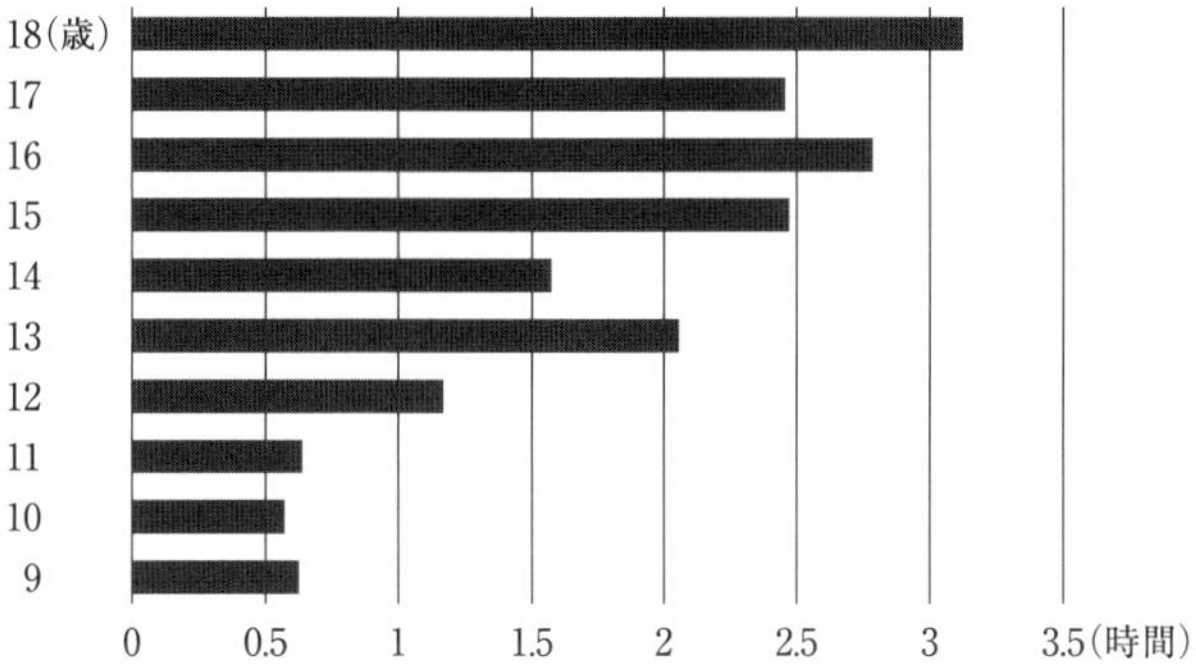

図 1-3　ケータイとスマホの使用時間(一日の平均)
(子どもとメディア「いじめ・不登校とメディア依存に関する調査」〈2013 年〉から作成)

　ネット依存の程度を測ろうとするとき、いま世界でもっとも頻繁に利用されているのは、心理学者のキンバリー・ヤングが開発した尺度でしょう。彼女は、ギャンブル依存や薬物依存の診断基準を基に、この尺度を開発したそうです。この事実からも推測されるように、この尺度は基本的に快楽型の依存を想定して作られています。その点からいえば少なくともコンテンツ依存についてはこの尺度も有効でしょう。たとえば、パチンコ中毒者が自分の意志で嗜癖を止められないのは、脳内で快楽ホルモンのドーパミンが分泌されつづけるからだといわれますが、ネットのゲームや動画などへの依存でも、おそらく同様のメカニズムを指摘できるはずです。

しかし、欧米とは違って、日本の若者や子どもたちが陥りがちなのは、むしろつながり依存のほうです。その傾向は、総務省情報通信政策研究所が二〇一三年に行なった「青少年のインターネット利用と依存傾向に関する調査」によっても明らかにされています。また、先ほど触れた「子どもとメディア」の調査を見ても、小中高の児童生徒たちのネット接続時間の大半は、他者とのコミュニケーションに費やされています。それも、とりわけリアルな人間関係を円滑に保つために、ネットを駆使する傾向が強いのです。

ネットに常時接続されたスマホを彼らが手放せないのは、たしかに一部は快楽に押し流されてのことかもしれません。しかし、むしろその多くは逆に不安に駆られてのことです。あるいは快楽と不安が渾然一体《こんぜんいったい》となっているといったほうが正確かもしれません。東京大学情報学環の橋元良明研究室が二〇一〇年に行なった「ネット依存の現状調査」でも、ネットへの依存傾向がある人の半数以上が、ネット上の関係に負担を感じていると回答しています。

いずれにせよ、いまやクラスや部活の連絡網ですら、ネットが活用される時代です。ネットへの接続を遮断できないのは、学校などでの交友関係から自分だけが外されるのを防ぐためという面も強いはずです。不安や緊張が高まったとき、脳内で分泌されるのはドーパミンではなく、ノルアド

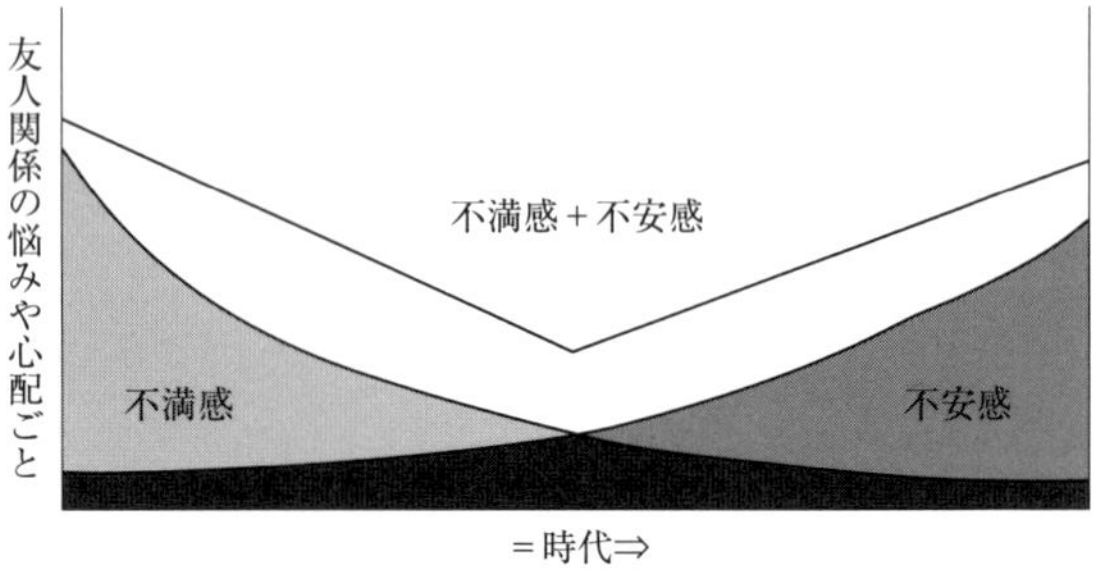

図 1-4　不満感と不安感の比重の推移

レナリンです。日夜、ネットへの接続に励む日本の子どもたちの脳内には、おそらくこのストレス・ホルモンが満ち溢れているのではないでしょうか。だとすれば、ドーパミン型(快楽型)の依存を想定して作られたヤングの尺度は、日本の子どもたちのネット依存度を測るにはあまり役立たないことになります。

ところで、一二頁の図1-2が示しているように、いったん減少していた人間関係への「悩みや心配ごと」が、再び増加の傾向を見せはじめるのは二〇〇〇年を越えてからです。おそらくこの時期に、人間関係に対する不満の減少分を、その不安の増大分が凌駕《りょうが》してしまったのでしょう。悩みや心配ごととは、**図1-4**で示したように、不満感と不安感とが合成されたものといえるからです。では、なぜこの時期が分水嶺だったのでしょうか。次の章では、この点について詳細に検討することで、今日のつながり依存についての考察をさらに深めていきたいと思います。

第2章　つながりの格差化

豊かさから美味しさへ

よしながふみさんのコミック『フラワー・オブ・ライフ』のなかに、**図2-1**に掲げたような印象深い会話のシーンがあります。この場面からは、二つの含意を読みとることができるでしょう。一つは、いまの中学生にとって学校に一人でいるのは非常にリスキーと感じられていること。もう一つは、しかしその感覚は中三の終盤に一時的に緩むらしいこと。本章では、この会話を糸口に、いまなぜつながり依存が強まっているのかを考えてみたいと思います。

前章で指摘したように、今日の人間関係が流動化した背景には、一九七〇年代から徐々に進行してきた価値観の多様化という私たちの意識の変化があります。その変化は子どもたちの態度にも投影されており、第二次世界大戦後からの不登校児童生徒(かつては長欠児童生徒と呼んでいました)の割合の推移をみると、中学校では一九七〇年代後半、小学校では一九八〇年代前半を底に、大きくUカーブを描いていることが分かります。

戦後しばらくの日本には、長欠児童生徒がかなりの数で見受けられました。戦後の混乱期のなかで、当時の社会はまだ貧しく、経済的な理由や健康上の理由で学校に行けない子どもが多かったからです。しかし、やがて高度経済成長を経て日本社会が豊かになるにつれ、そういった理由で学校に行けない子どもは徐々に減ってきます。ところが、右の年代にいったん底を打った後は、再び上昇の傾向を見せはじめるのです。

この時期を境に、日本が再び貧しい社会へと逆戻りしたわけではないので、再び増えはじめた理由は経済的あるいは健康上の問題ではありません。その当初は「登校拒否」と呼ばれたように、自らの意志で登校しない子どもが徐々に増えてきたのです。もちろん、子どもによって個々の事情は違っていますが、彼らの意識のなかで学校の占める比重が低下してきた点は共通しています。当事者運動の成果によって、やがてその名称は「不登校」へと移っていきますが、この呼称の変化が示しているのも、やはり学校の比重がますます低下してきたという事実でしょう。

「登校拒否」という名称の場合には、本来なら学校へは行くべきかもしれないが、あえて自分はそれを拒んでみせるといった反発的な態度をとっている印象があります。しかし、それが「不登校」になると、学校へ行くかどうかは個人の自由な選択の問題であって、たまたま自分は行かないという選択をし

図 2-1　よしながふみ『フラワー・オブ・ライフ』
新書館(2004 年)8 頁から

たにすぎないというニュアンスが強くなります。それだけ学校の比重が低下しているといえ、だからこそ、この名称変更は当事者運動の重要な争点でもあったのです。

文部科学省の統計によると、近年の不登校の理由でもっとも多いのは、人間関係をめぐる問題です。中学生にかぎっていえば、学業不振の倍近くを関係のトラブルが占めています。学校の管理方針や教師の指導態度とそりが合わずに不登校を選択する児童生徒も、一時期は目立っていたのですが、最近ではめっきり減ってきました。そんな反発すら覚えないほど、子どもたちの意識のなかで学校の占める比重が下がっているのです。

もちろん、人間関係のトラブルから不登校になったとき、その子どもたちの多くには、本当は学校に行きたいのに行けないといった感覚もあるでしょう。しかし、それでも以前の子どもたちなら、学校に行かないという選択肢がそこにありうるなどとは思いもよりませんでした。何があろうと学校には通わなければならないという制度的な規範に、それだけ強く縛られていたのです。では、この時期から学校の比重が低下しはじめたのはなぜでしょうか。いいかえれば、私たちの価値観が多様化してきたのはなぜでしょうか。

一九八〇年代に入るまでの日本人は、米国に追いつけ追いこせをかけ声に、戦後の復興へと邁進し、日本のＧＤＰ（国内総生産）を着実に伸ばしてきました。そしてついに八〇年代半ばには、国民一人当たりの名目ＧＤＰが米国のそれを抜いてしまいます。米国人のように豊かな生活をしたいという目標が、この時期にほぼ実現してしまったのです。その後の日本人は、たんに物質的に豊かな生活ではなく、内面的にも充実した生活を求めるようになります。

この時代精神の変化の兆しを敏感に察知し、やや先取りして作られたのが、一九八三年に糸井重里さんが発表した西武百貨店の名コピー、「おいしい生活。」です。「生活」という語に美味しいという主観的な形容詞がつくなど、それまでは考えられないことでした。豊かさや貧しさといった客観的な基準しかありえなかったからです。ところがこの頃から、どんな料理を美味しいと感じるかは人によって違うように、生活それ自体も人によって評価が異なってよいのだと実感されはじめます。価値観が多様化して、いろいろな評価基準が横並びになっていったのです。

この時期を挟んで、若者や子どもたちの意識にも大きな変化が見られます。前章でも引用したNHK放送文化研究所の「日本人の意識調査」によると、生活で重視すべきと考える内容が様変わりしていくのです。経済力が大切と答える人が減る一方で、付きあいが大切と答える人が増えてきます。しかし、ここには疑問もわきます。価値観が多様化して人間関係も自由になったのに、なぜみんな他人のことなど気にかけずに、各自が好き勝手に生きようとしないのでしょうか。なぜ人間関係に強くこだわるようになってきたのでしょうか。

新自由主義とリスク化

産業別就業人口の推移を振り返ってみると、日本で働く人の半数以上が第三次産業に携わるようになったのは一九七〇年代の半ば頃です。この時期から、第一次産業のように自然を相手にするのでもなく、あるいは第二次産業のようにモノを作るのでもなく、対人サービスを商品とする産業で働く人が、労働人口の過半数を占めるようになります。ただ黙々と良質な産物や性能の良い製品を作ってさえいれば自ずと売れた時代は終わり、商品をいかに魅力的に見せるのか、いかに相手を気持ちよくさせるのか、そういった観点から仕事が評価される時代へと突入したのです。

このような脱産業化社会においては、労働現場で人間関係の占める比重が増していきます。対人サービスが商品になったからだけではありません。工場などの現場で生産ラインを動かすのとは違い、複雑化かつ流動化した人的組織の調整を行なうために、管理部門で働く人も増えてくるからです。こうして社会全体が対人関係を重視する社会へと変貌し、他者との関わりに対してみんなが敏感になっていきました。

しかし、今日の若年層がつながりを過剰に重視するようになった理由として、この説明ではまだ不十分でしょう。前章で指摘したように、そもそも人間関係に対する不安が急激に増してくるのは二〇〇〇年代に入ってからです。日本が脱産業化社会へ移行した時期とはズレがあります。産業構造の変化が大きな背景となっているのは間違いありませんが、今日の心性の変化には、少なくともその契機となったもっと直接の要因があるはずです。では、今世紀への変わり目の日本に、いったいどのような出来事があったのでしょうか。

わが国に小泉純一郎第一次内閣が成立したのは二〇〇一年のことです。彼は「聖域なき構造改革」を錦の御旗に掲げ、当時の国民から絶大な支持を集めました。この頃から日本社会は、いわゆる新自由主義の路線を本格的に邁進しはじめるのです。小泉内閣の成立と相前後して、労働者派遣法改正(一九九六年、一九九九年、二〇〇三年)、確定拠出年金法(二〇〇一年)、郵政改革関連四法(二〇〇二年)、健康保険法等改正(二〇〇二年)、ホームレス自立支援法(二〇〇二年)、道路公団民営化四法

(二〇〇四年)、年金三法改正(二〇〇四年)、障害者自立支援法(二〇〇五年)、住生活基本法(二〇〇六年)と、関連諸法が矢継ぎ早に制定されていきました。

もっとも、新自由主義的な政策を日本に導入したのは小泉政権が最初ではありません。橋本龍太郎内閣での行政改革もそうでしたし、細川護熙内閣での政治改革にもその色彩はありました。あるいは国有鉄道・電電公社・専売公社の民営化を進めた中曽根康弘内閣にまで、その源流を遡ることができるかもしれません。とくに中曽根政権下では、臨時教育審議会の答申を受けて「個性の重視・育成」が教育行政のスローガンに掲げられ、いわゆる「教育の個性化」が推し進められていきました。また同時に「教育の自由化」も検討され、大学入学資格の弾力化や学習指導要領の大綱化、秋期入学制など、その後の新自由主義的な教育改革へつながる政策が実施されました。

しかし、新自由主義的な施策が広く国民に身近なものと感じられるようになったのは、やはり何といっても小泉内閣の頃からでしょう。雇用の規制緩和が急激に進んで、より良い職場を求めて労働者が自由に転職できる環境が用意されたと同時に、長引く不況下で、雇用主の都合によっていつリストラの対象にされてもおかしくない状況も広がってきたからです。その結果、より良い条件の職場に転職して大金を稼げる人が生まれる一方で、なかなか安定した職に就けず、日々の生活に苦しむ人も目立つようになりました。

このような変化は、経済や雇用の領域にかぎらず、日常の人間関係のあり方にも影響を与えます。それを象徴しているのが、孤立死の増加を受けて作られた「無縁社会」という言葉でしょう。この点で、小泉内閣時代の新自由主義は、それ以前とは大きく異なっています。より正確にいうなら、その思想や施策は以前と同じだとしても、それを受け入れる社会の側の事情がまったく違ってしまったのです。近年、やや上向きになっているとはいえ、一九九一年にバブル経済が崩壊して以降、日本の経済成長率はほぼゼロ地点で上下変動を繰り返していますし、失業率が急激に悪化していったのもこの頃だからです。

以前のように社会のパイがまだ拡大していると感じられるとき、新自由主義的な施策によって社会の流動化が進むと、人は新しいチャンスを求めて外へ打って出ようとします。不確実性を可能性と捉え、目の前に広がるフロンティアに自分をかけてみようと思います。しかし、すでに社会のパイは膨らんでおらず、むしろ萎《しぼ》みつつすらあると感じられるときに社会の流動化が進むと、人は現在の生活をなんとか死守しようと防御の姿勢へ転じます。不確実性をリスクと捉え、目の前に広がる奈落の深淵に落ち込むまいと、新しい出会いではなく目先の確実な人間関係を重んじるようになります。先行きが不透明ななかで、自分のポジションを守るために必死になっていくのです。

日本生産性本部が行なっている「新入社員の意識調査」を見ると、二〇〇〇年までは、「チャンスがあれば転職」と回答する人が増えつづけ、「今の会社に一生勤める」と回答する人は逆に減りつづけていました。数の上でも二倍以上の新入社員が転職許容組でした。ところが、二〇〇一年からその風向きは逆になります。そして、二〇〇六年には数の上でも逆転してしまいます。最近の若者は内向き志向だとよく批判されますが、それは今日の社会状況に対して合理的に適応した結果であり、責められるべきは若者ではありません。奇しくも生産性本部が「自動ブレーキ型」と命名したように、できるだけリスクを避けて慎重に行動するようになった結果、かつて大きな社会問題となっていた青少年犯罪も、二〇〇三年以降は激減しているのです。

コミュニケーション能力

朝日新聞が、「コミュニケーション能力」という言葉が出てくる自社記事の数を調べたことがあります。それによると、記事数が急激に増えるのは二〇〇四年からです。これは、ちょうど日本の失業率が急激に悪化した時期と重なります。また、日本経団連の「新卒採用に関するアンケート調査」で、コミュニケーション能力を重視すると答える企業が急激に増えはじめるのもこの頃です。コミュニケーション能力が不足していると職に就くことすらできない。そんな危機感が若年層の間に募っていったとしても不思議ではないでしょう。

そもそも価値観の多様化した世界では、互いに相手の価値判断の中身に立ち入ることは難しくなります。そのため、相互に異なった価値観を調整しあうために、かつて以上に高いコミュニケーション能力が要求されるようになります。従来、日本人は空気を読むのが得意で、「あうんの呼吸」で意思の疎通がはかれるといわれてきました。島国でもあるため、互いの同質性が高かったからです。しかし、今日のように様々な価値観が錯綜しあうようになった社会で、その具体的な内容を見通すことは困難です。共通の評価基準を持つことは、なおさらのこと不可能です。そのため、互いの立場を調整しあうためのコミュニケーション能力だけが、ただ一つ共通の評価基準として残されることになります。コミュニケーションを通じて獲得される説得力の強さに応じて、各々の評価が間接的に行なわれるからです。

このように考えるなら、今日のコミュニケーション能力は、多種多様な商品が行き交う自由市場の貨幣と同等の役割を果たしているともいえます。貨幣さえあればどんな商品とも交換できるように、コミュニケーション能力さえあればどんな他者とも関係を取り結べるからです。そのため、大量の貨幣の持ち主が社会的に有利なポジションに立ちうるように、高いコミュニケーション能力を備えている人物も社会的に有利なポジションに立ちやすくなります。少なくとも一般的にはそう思われてきたのではないでしょうか。

しかし、ここには大きな錯覚もあります。よく考えてみれば、コミュニケーション能力ほどその評価が他者からの反応に依拠するものはありません。コミュニケーションとは、その原理的な性質からして、個人の内部で完結するものではなく、つねに他者との関係の総体だからです。コミュニケーション能力も、たとえば気の合う相手とは話も弾むように、じつは相手との関係しだいで高くも低くもなりうるものです。それは、貨幣のように個人が持ちあわせているものではなく、すなわち個人に内在する能力ではなく、じつは相手との関係の産物なのです。個人の努力でどうにかなるものではなく、偶然の出会いによって大きく左右されるものなのです。

もっとも、だからこそコミュニケーション能力は、私たちの意識を外部から拘束する力が強いともいえます。「世界価値観調査」によると、二〇〇〇年以降の日本では、人生を決めるのは勤勉よりも運やコネだと考える人びとが増えています。昨今のコミュニケーション至上主義がその背景の一つとなっているのは間違いありません。自由と自己責任を重んじる新自由主義は、このような宿命論的な考え方と相矛盾するように見えますが、じつは両者が密接に結びついている点にこそ、今日の新自由主義の特徴があるのです。

その事例の一つとして、近年、若者や子どもたちが他者を蔑視したり嘲笑したり、あるいは自分をわざと卑下してみせたりするとき、盛んに使うようになった言葉を挙げることができます。コミュニケーション障害を略した「コミュ障」という言葉です。これは、今日の社会でコミュニケーション能力が大きな比重を占めるようになっていることを示しています。その能力に対する期待値が高ければ高いほど、現実とのギャップは広がり、そこに強い欠落感を覚えるようになるからです。また同時に、「障害」という形容には、それが個人的な努力でどうにかなるものでもないといった感覚も投影されています。しかも仲間内の会話では、人間関係を維持するための潤滑油として、この言葉が使われている点に注意する必要があります。なぜなら、かつてその潤滑油の役割を果たしていたのは、次章で述べるように「大人社会への敵意」だったからです。生きづらさの源泉と感じられる対象が、社会的な要因から個人的な要因へと移行しているのです。

このように述べると、なるほど社会人の場合はそうかもしれないが、まだ社会の風にさらされていない学齢期の子どもたちが、そんなに新自由主義の影響を受けているとは考えにくいと疑問を持たれるかもしれません。しかし、昨今の学校現場では早期からキャリア教育にも取り組むようになっており、今日の社会を生き抜くためにコミュニケーション能力がいかに重要か、子どもたちはことあるごとに教え込まれています。たしかに企業が求めるコミュニケーション能力は、子どもたちがイメージするものとはまったく違うかもしれません。しかし、その能力を重視する社会の風潮は、形を変えて子どもたちの人間関係にも影響を与えているのです。

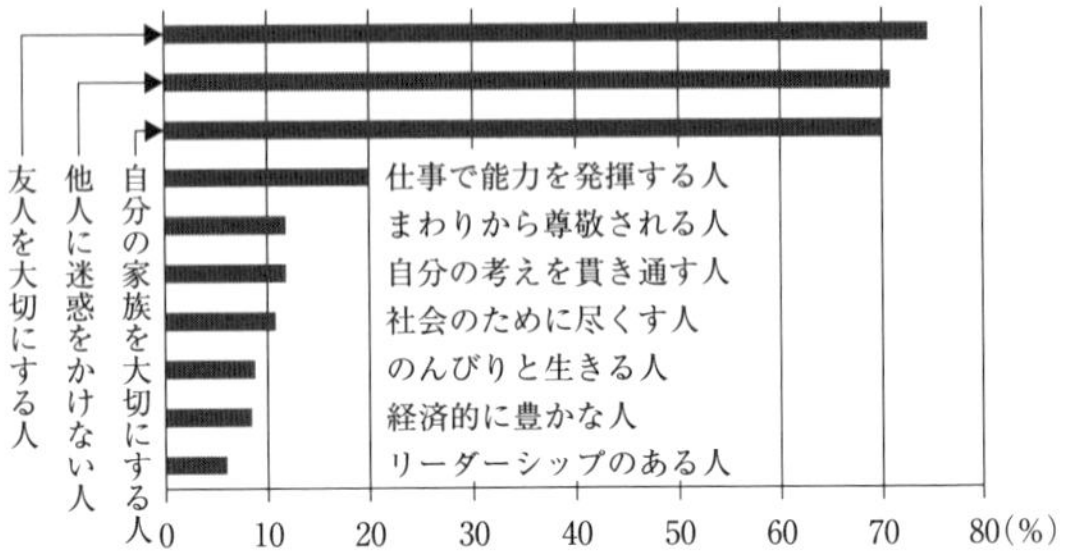

図2-2　3〜6歳児の母親が子どもの将来に期待すること(複数回答)

(Benesse 教育研究開発センター「幼児の生活アンケート調査」2005年)

インフラとしての友だち

　ベネッセ教育総合研究所が二〇〇五年に行なった「幼児の生活アンケート調査」によれば、母親が子どもの将来に期待することの一位から三位は、**図2-2**が示すように、「友人を大切にする人」「他人に迷惑をかけない人」「自分の家族を大切にする人」です。一方で、「社会のために尽くす人」が圧倒的に少ないことから推察すれば、これは子どもたちに利他的になれと要求しているわけではなく、人間関係から外されたら自分自身が生きていけないという母親たちの切実な感覚が投影されたものといえます。

　地縁や血縁だけでなく、社縁すらも薄れていく今日の社会で、孤立することなく無事に生き抜いていくための人的資源を、博報堂生活総合研究所は「インフラ友だち」と名づけています。今日の母親たちも、そのインフラ友だちとしての「ママ友」づくりに自ら励んでおり、この社会の趨勢をよく心得たうえで子育てに取り組んでいます。新自由主義は、こうした親の養育態度を通して、子どもたちの人間関係にも影響を与えているのです。事実、ベネッセ教育総合研究所が二〇〇六年に行なった「第四回学習基本調査」では、小中高のいずれの児童生徒も、その九割以上が、いい友だちがいると幸せになれると回答しています。

このように見てくると、今日の子どもたちが人間関係に対して過剰に気を遣うようになってきたのも当然といえるでしょう。同じくベネッセ教育総合研究所が行なっている「子どもの生活実態基本調査」で、二〇〇四年と二〇〇九年の回答を比較すると、仲間外れにされないように周りに話を合わせるという児童生徒は、小中高のいずれでも増えています。しかもその比率は、高校生よりも中学生、そして中学生よりも小学生のほうが高い傾向にあります。企業の期待するコミュニケーション能力が、周囲に合わせる能力にあるとは思われませんが、社会の風潮は、このように変質しながら子どもたちに伝わっていくのでしょう。

実際、右で触れた「幼児の生活アンケート調査」でも、子どもに「リーダーシップのある人」になってほしいと回答した母親は最下位でした。学校の教師たちも、昨今はリーダー役を引き受けてくれる子どもが見当たらなくなり、学級運営が難しくなっているとこぼします。今日の子どもたちは、プラスにであろうとマイナスにであろうと、どちらでも集団のなかで目立つことは非常にリスキーなことであり、できるだけ回避しなければならないと感じるようになっているのです。

その心性は、いじめ問題にも投影されています。良くも悪くも集団のなかで目立ちやすい子どもが標的にされやすい一方で、それでも目の前の人間関係にしがみついていないと生きていけないという切迫感が、さらに被害を深刻化させている側面もあるからです。いじめの被害に遭っている子どもに対して、そんな相手とは付きあわなくてもよいではないかと、私たち大人は安易に助言してしまいがちですが、当事者にとってそれがいかに困難なことか知っておくべきです。

本章の冒頭では、戦後のわが国の不登校者率はUカーブを描いているとも指摘しました。しかし、じつは二〇〇〇年を越えたあたりから、その増加傾向は頭打ちになっています。高留まりのまま横ばいになっているのです。対策が進んできた結果、事態が改善されつつあると捉えることもできますが、うがった見方をすれば、それだけ人間関係の拘束力が高まっているとみなすこともできるでしょう。かつてなら、たとえ不登校になっても自分一人で生きていけると思えたのに、いまでは不登校という選択すらできないほど、人間関係へのプレッシャーが高まっているのではないでしょうか。いったん人間関係から落ちこぼれてしまったら、もう後は生きていくことができない。そんな危機感が強まっているように思われます。

もっとも、ここにはアンビバレントな感情も見え隠れしています。先ほど、不登校が増えてきた背景には学校の比重が低下してきたことも一因としてあると述べましたが、それは学校的な価値観が相対化されるようになったという意味であって、学校での人間関係の比重が低下してきたわけではありません。むしろ人間関係の比重が高まっているために、逆に不登校になってしまうケースもあります。教室以外にも居場所があるから学校へ行かないのではなく、そこにしか居場所がないと感じて、気持ちが追いつめられてしまうから学校へ行けない子どもがいることにも留意しておくべきです。教室以外に居場所があると感じられる生徒のほうが、かえって学校へも行きやすいのは、それだけ学校での人間関係の重さが相対的に減じられるからです。第4章で詳しく触れますが、ここには過度のつながり依存から子どもたちを解放するための大きなヒントがあります。

一匹狼から一人ぼっちへ

私もメンバーの一人である社会学者の研究グループ、青少年研究会が実施した「都市在住の若者の行動と意識調査」によると、一六〜一九歳が回答した友だちの数は、一〇年前と比較して大幅に増えています。二〇〇二年には平均六六人だったのに、二〇一二年には平均一二五人へと倍増しているのです。そんなに多いのかと驚かれるかもしれませんが、ここには「親友」「親友以外の仲の良い友だち」「知り合い程度の友だち」のすべてが含まれています。それぞれの増加率は、順に一・二倍、一・七倍、二・〇倍で、もっとも増加が激しいのが「知り合い程度」ですから、近年のネットの普及がここに大きく寄与していることは間違いないでしょう。

しかし、これまでの説明から明らかなように、友人数が増加した理由はそれだけではありません。社会の流動化と人間関係の自由化によって、制度的な枠組みにとらわれない友だちづくりが広がってきたからでもあるのです。ネットの普及は、そのモチベーションを促進させたにすぎないともいえます。実際、この調査によると、友だちを多くつくるように心がけている者ほど友人数も多い傾向が、二〇〇二年より二〇一二年のほうに強くなっています。一〇年前と比較して、友だちづくりへの熱心さと実際の友人数の関連が高くなっているということは、それだけ既存の組織によって友人関係が定まる比率が低下していることを物語っています。制度によって友人関係が縛られなくなった分だけ、個人的な熱意の比重が増すからです。その理屈は、前章で触れた「中学デビュー」や「高校デビュー」の現場で起きていることを想像してみれば分かりやすいでしょう。

その結果、現在では、子どもによって友人数に大きな開きが生じるようになっています。その様相は次頁の**図2-3**からも一目瞭然ですが、友人数の散らばり度を数値で比較するために、それぞ

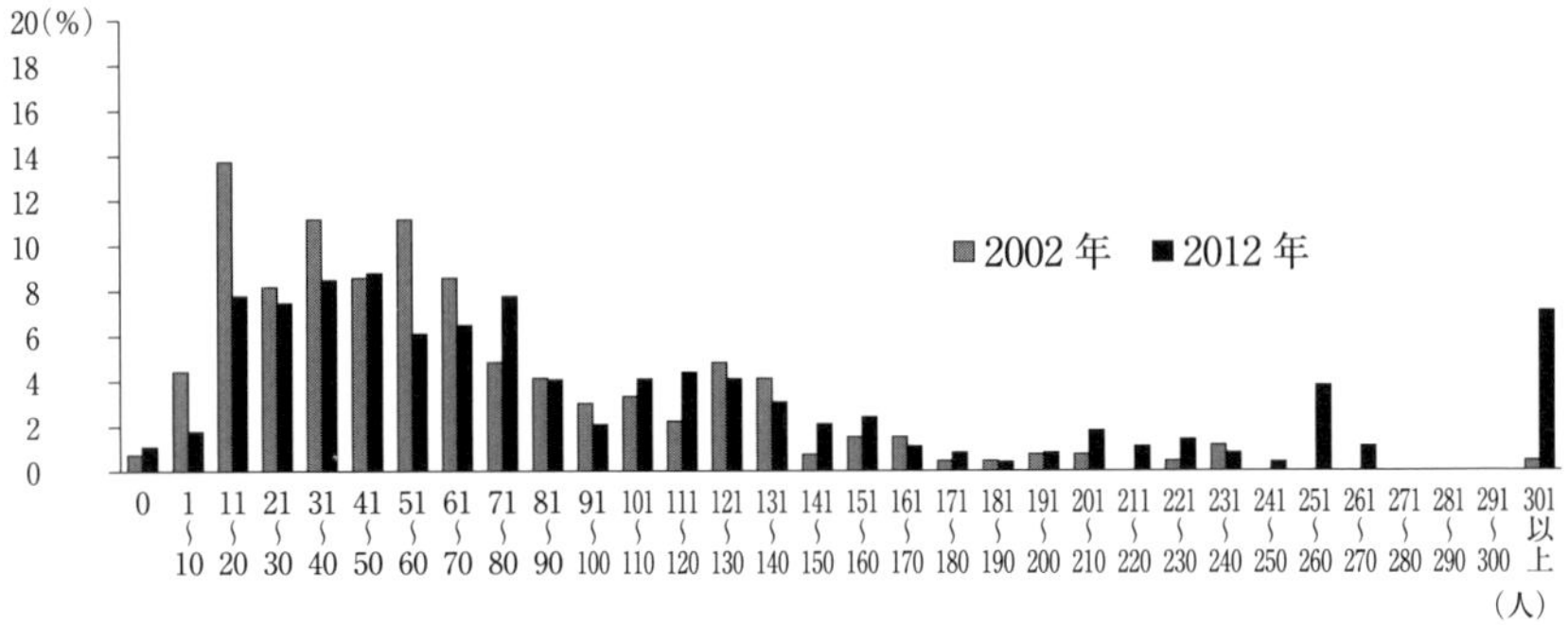

図 2-3　友人の数（16〜19歳）

れの標準偏差を平均値で割った変動係数を求めてみると、二〇〇二年には〇・七八だったものが、二〇一二年には一・五四へ上昇しています。制度から自由になって自己責任の比重が増した分だけ、いわゆる場を盛り上げる能力に長《た》け、対人関係を器用にこなせる子どもと、そういった社交術に疎く、関係づくりが苦手な子どもとの間で、かつて以上に人間関係の格差が生じやすくなっているのです。

　人は、他者との間にさほど差を見出せないとき、そこに評価の尺度を求めようとはしません。差がなければ比較のしようもないからです。しかし、いったんそこに格差が生じると、それは評価の物差しとして作用しはじめます。友人の数もその例外ではなく、落差が歴然と目につくようになると、その数が多いか少ないかによって、人間としての価値が測られるかのような感覚が広がっていきます。実際、同調査によれば、友人数が多い者ほど、自己肯定感も高い傾向が見られ、また自分の将来は明るいと考える傾向も強くなっているのです。

　ここに、今日の子どもたちの間でコミュニケーション能力が偏重されるもう一つの理由があります。付きあう相手を自由に選べる環境では、付きあう相手のいないことが、自分の価値のなさの反映と受けとられてしまいがちです。あるいは、周囲からそういう目で見られはしないだろうかと危惧を覚えてしまいがちです。自身が向ける眼差しだけでなく、他者から注がれる眼差しにも怯《おび》え、高いコミュニケーション能力を有することが人間としての価値を決めるかのような錯覚が広まっていくのです。

かつて人間関係が不自由だった時代の子どもたちは、強制された関係に縛られない「一匹狼」に憧れたものですが、今日の子どもたちは、一人でいる人間を「ぼっち」と蔑《さげす》むようになっています。一人でいることは関係からの解放ではなく、むしろ疎外を意味するからです。既存の社会制度の拘束から解放され、自由に人間関係を築けるようになったはずなのに、それでも一人でいる人間は、コミュニケーション能力を欠いた人物とみなされ、否定的に捉えられてしまうのです。逆にいえば、豊かな人間関係に恵まれているというまさにその事実が、高いコミュニケーション能力の所有者としての指標になっていくのです。

社会学者の見田宗介さんが、一九六〇年代初頭に地方から東京へ出てきた若者の調査結果を著書で引用しています(『まなざしの地獄』河出書房新社、二〇〇八年)。それによると、当時の悩みの第一位は、友人や仲間が見つからないことではなく、むしろ一人になれる時間や場所がないことでした。彼らは、現在のように濃密な人間関係を求めていたのではなく、制度に縛られた濃密な人間関係を逆に嫌悪していたのです。だからこそ、一人でも生きられる人間は「一匹狼」として憧憬の眼差しで見つめられたのです。それは集団のしがらみからの解放を意味していたからです。

その後も、一九八〇年代頃まではその傾向が続きます。当時の若者たちは、伝統的な枠組みに埋め込まれた人間関係を鬱陶《うっとう》しいものと感じ、そこから解放されたいと願っていました。その消費活動の多くも、基本的に人間関係を嫌悪する心性に支えられたものでした。自分一人で過ごせる部屋を持ち、そこで自分の好きなビデオやオーディオを楽しみ、外出時は自家用車を乗りまわしたい。街角を歩くときも、ヘッドホンを装着して外界をシャットアウトしたい。いずれも人間関係を鬱陶しいものと感じ、そこから逃れたいと願う心性から生まれた消費行動だったといえます。

もちろん、ときには親しい仲間や恋人と一緒の時間や空間を楽しみたいという欲求もあったことでしょう。しかし、それとても不本意で不自由な人間関係から解放され、自分が望む特定の相手だけと時空間を共有したかったのだとすれば、大きくは関係嫌悪の心性に支えられていたといえます。その特定の相手とは、自分の延長と考えても差し支えないからです。ところが現在では、若者が一人になれる環境はすでに最初から用意されています。それどころか、二〇〇〇年以降は社会の流動化が急激に進み、今度は無縁化が不安の源泉となってきました。そのため、次章で述べるように、消費の形態もむしろ他者とのつながりを幅広く求めるものへと変質しています。

現在の日本では、たとえ三〇歳を過ぎて独身でも、世間から白い目で見られることは少なくなりました。また、コンビニエンス・ストアなどが普及して、単身者でも生活しやすい社会になりました。しかし、そうやって人間関係の自由度が高い社会になったからこそ、つねに誰かとつながっていなければ逆に安心できなくなっています。そして、もしそれができないと、自分は価値のない人間だと周囲から見られはしないかと他者の視線に怯え、また自身でも、自分は価値のない人間ではないかと不安に慄《おのの》くようになっています。その意味で、じつは今日は、一人で生きていくことがかって以上に困難な時代なのです。

「つながり力」専制の時代

前章では、今日の価値観の多様化の一事例としてＡＫＢ総選挙を取り上げました。しかし、それでも第一回から第四回までの選挙では、前田敦子さんと大島優子さんの二人がつねにトップを争ってきました。少なくとも首位のレベルでは、評価軸にある程度の安定性があったのです。選挙といえども、その点では仕掛け人である秋元さんの想定内に結果が収まっていたといえます。

ところが、第五回を迎えた二〇一三年の総選挙では大番狂わせが生じました。それまでは一度もベスト3に入ったことのない指原莉乃さんが、いきなりトップ当選を果たしたのです。この結果は、さすがの秋元さんも予想しえなかったようで、速報の段階で彼女の首位が報じられた際には、「校内マラソン大会で一周目だけは全力で走るみたいな」などと形容していました。

すでに触れたように、ＡＫＢのタレントとファンの関係はきわめてフラットです。その売りは、フツーの女の子が真剣に頑張っている姿を見せることにあり、フツーの女の子という点でいえば、指原さんはＡＫＢのコンセプトにぴったりのタレントです。しかし、これまで出演したＴＶ番組などでは、メンバーに負わされた課題を一人だけ達成できずに途中リタイアしたり、「自分はモテない」「かわいくない」などと泣き言ばかりで、真剣に頑張っている姿を見せるという点については「？」がつく面も持ったタレントでした。

では、そんな指原さんが第一位に選ばれた理由は何でしょうか。彼女は、ファンの男性との交際が発覚して姉妹グループのＨＫＴへ移籍させられた後、その新しい環境にもうまく適応して、さらに若い仲間たちをうまく盛り立てる絶妙な心配りも見せていました。もとより彼女は、その独特の個性を活かしてお笑い番組にも頻繁に出演し、芸人を相手に巧みな話術を披露していましたが、ＨＫＴへ移籍後は、その対人関係の才能にさらに磨きがかかったのです。ここから推察すれば、指原さんはファンたちからコミュニケーション能力の高いタレントと受けとめられ、それが選挙でも最大の武器となったのではないでしょうか。彼女のトップ当選は、価値観の多様化した世界でも、うまく他者とつながる力だけは特権的な地位にあることを示すものだったのです。

近年、若年層の間では、「意識が高い」という言葉を、相手を賞賛する文脈においてではなく、空気が読めずに当人だけが目立っていることを揶揄《やゆ》し、皮肉ってみせる蔑称として使うケースが増えています。そうしてみると、共演者の意向を汲みとって、それに巧みに応えてみせ、自分を卑下しつつ相手を盛り上げるのが得意な指原さんは、今日のこの風潮を身をもって体現したタレントといってよいのではないでしょうか。今日の若年層では、自分だけが目立ちすぎないように場の空気を的確に読みとり、そこに合わせていける人物こそ魅力的と思われているのです。

本章の最後に、話を本筋へ戻しておきましょう。このような傾向は、とくに学齢期の子どもたちの世界で際立っているようです。なぜなら、彼らが生活時間の大半を過ごす学校では、互いに閉鎖的な空間のなかに置かれ、日々の生活で密接に付きあえる相手の範囲も限定されているからです。そのため、友だちという人的資源をめぐって熾烈な奪いあいが生じ、一般社会よりも人間関係の落差が目立ちやすくなっているのです。街角の雑踏に一人で立っていても目立ちませんが、休憩時間のクラスに一人でいれば目立たざるをえません。

本章の冒頭で引用した会話のシーンのような感覚が、今日の学校でなぜ蔓延しているのか、もうお分かりいただけたことでしょう。これまで述べてきたように、子どもたちの意識のなかでは、刻々と人間関係の自由化が進んでいます。しかし、学校のクラス制度は旧態依然で、相変わらず人間関係が狭く固定された閉鎖的な空間のままです。この両者の落差こそが、人間関係の物差し化を一般の社会以上に際立たせる結果を招いているのです。だから、その閉鎖的な状況からもうじき解放されると思うと、人間関係への強迫観念から一時的にでも自由になれるのです。なにも自分から好んで群れているわけではないからです。

青少年研究会による調査では、友だちを多く作ろうと心がけている子どもほど、友だちの少ない人間だと周りから思われないようにしなければならないと考える傾向が強く、そのため、いつも友だちと連絡をとっていないと不安になる傾向も強くなっています。今日の学校は、一人でいることが異様に目立ちやすい空間だからです。子どもたちの多くは、魅力の欠けた人間と見られはしないかと周囲の視線に怯え、その視線からわが身を守ろうと、イツメン(いつも一緒のメンバー)を防御壁として周囲に張り巡らせる努力を日々ひたすら続けています。それは、人間関係の維持がきわめて難しい学校という過酷な環境を、なんとか無事に生き抜いていくための知恵と工夫なのです。

第3章　「いいね！」の承認願望

暴走するつながり意識

今日の若年層は、生まれたときからパソコンが身近にあり、モバイル機器も巧みに使いこなすデジタル・ネイティブの世代といわれます。すでに述べたように、彼らがネットへの接続に費やす時間と労力は膨大で、そこに投入される金額も相当に大きいものがあります。近年、若年層の消費意欲が減退していると指摘されますが、このような点から見れば、けっして減退などしていません。消費の対象が、モノからつながりへと移行しただけです。

たとえば、動画サイトのニコニコ動画が若年層に人気なのは、たんに動画コンテンツを鑑賞できるからではありません。その動画に自分のコメントや感想を書き込める仕組みがあることで、見知らぬユーザーどうしが互いに意見を交換しあえるからです。しかも、その書き込みは動画の進行とともにオーバーラップされて表示されるので、あたかもみんなで時空間を共有しつつ鑑賞しているかのような錯覚が生じやすいのです。ここには擬似的ながらも同期的なコミュニケーションが成立しており、その点ではＬＩＮＥでのやり取りに似たところがあります。

また、初音ミクのようなボーカロイドが大ヒットしているのも、それが場を共有するための素材のみを提供するものであって、コンテンツとしてはいわば「未完」の製品だからでしょう。ユーザーたちは、まずボーカロイドに歌わせる楽曲を創作し、その内容にふさわしい動画を製作し、仕上げた共同作品をニコニコ動画などのサイトにアップします。それに対して他のユーザーたちが数多くのコメントを寄せます。この一連の過程を経て初めて、ボーカロイドは完成されるといえます。このように、たとえ擬似的にではあっても、他者と時空間を共有できる度合いが高ければ高いほど、つながり消費の商品としては受け入れられやすくなります。

前章の最後で、今日の子どもたちは自ら好んで群れているわけではないと書きました。たしかに学校の休憩時間についてはそうかもしれません。しかし、このような消費の動向から眺めると、現実の世界はそう単純なものでもなさそうです。学校以外の局面においては、いや、じつは学校のなかにおいてすら、むしろ自ら積極的に人間関係へ関わっていこうとする傾向が強まっている面もあるのではないでしょうか。

第1章でも触れたように、スマホのコミュニケーション・アプリであるＬＩＮＥには、「既読表示」という便利な機能があります。これは本来、東日本大震災時の経験から、受信者がいちいち返事を出さなくても、メッセージを読んだことが送信者にリアルタイムで確認できるようにと考案された機能です。この機能を活用することで、たとえば遠隔地に独居のお年寄りを抱えた家族では、スマホを見守りの道具として利用することもできるでしょう。お年寄りがわざわざ文字を打ち込まなくても、アプリの画面を開いてくれさえすれば、そのことが家族に分かるからです。

ところが子どもたちは、むしろ「既読表示」があるからこそ返事をすぐに送らないと相手に悪いと感じ、不安に駆られてしまうといいます。この機能のおかげで自分が読んだことは相手に分かるのだから、すぐに返事を出さなくてもよいだろうとは思えないのです。メッセージを読んでいるはずなのにすぐに返事が来ないと、発言が無視されたのではないかと不安になってしまう相手の心情がよく理解できるからです。なぜなら自分自身もそうだからです。ここには、この機能を開発した側の想定から見事なまでに転倒した心理が見受けられます。

前章で引用した青少年研究会の調査では、友だちを多くつくるように心がけていると答えた子どもほど、「友だちとの関係をつらいと感じることがよくある」「いつも周りに気を配って場の雰囲気に合わせていなければならない」「メールや電話のやりとりを終わらせるときに相手に気を遣いすぎてしまう」と答える傾向も強くなっています。友人関係を維持するための過剰な気遣いに息苦しさを覚えるようになっているのです。それでも熱心に友だちづくりを続けるのはなぜでしょうか。本章では、このように人間関係へ積極的に依存していきがちな今日の心理について考えてみたいと思います。

SNSでの自己承認

日本でもNHKの「白熱教室」という番組で広く知られるようになりましたが、社会心理学者のシーナ・アイエンガーが行なった興味深い実験があります。あるスーパーマーケットの店頭にジャムの試食ブースをつくり、ある週末には二四種類のジャムを並べ、別の週末には六種類のジャムを並べて、買い物客の反応を探ったのです。

その結果によると、二四種類のジャムを並べたときには買い物客の約六〇%が試食したそうですが、六種類のジャムを並べたときには約四〇％しか試食しなかったそうです。ところが驚くべきことに、実際にジャムを購入した客の数は逆だったのです。前者のブースでは買い物客の三％しか購入しなかったのですが、後者のブースでは三〇％近くの客が購入したのでした。

ここには、いわば「多様化の皮肉」を見てとることができます。私たちは、選択肢の豊かな世界の実現を目指して、社会の近代化を推し進めてきました。しかし人間は、選択肢が多ければ多いほど、なかなか決定を下すことが難しくなるようです。選択肢に順位が付けられていれば、まだしもそれに依拠して判断することもできるでしょうが、まったくフラットに並べられていると、さてどれを選んだらよいものか、さっぱり見当をつけにくくなるのです。

選択にこのような迷いが生じた場合、多くの人はどうするでしょうか。それがジャムなら、とりあえず購入を控えておくこともできるでしょう。しかし、どれかを選択しないと前には進めない場合、どうしたらよいでしょうか。デジタル・ネイティブの世代なら、さっそくスマホを取り出して、ネットで検索をかけるかもしれません。しかし、もっとも手っ取り早い方法は、身近にいる誰かに意見を尋ねてみることでしょう。

ネットの検索機能も、じつは多数の人間の態度を統計的なアルゴリズムで割り出しているにすぎません。たとえば、ネットの通販サイトで推薦商品を表示してくれる機能は、自分が購入した商品と同じものを購入した他の人の多くが、それ以外にどんな商品を購入しているかを計算して示してくれるものです。私たちは、様々な局面において、他者の態度や意見を参考にしながら自らの選択を行なっているのです。そして、近年はさらにその傾向が強まっています。

　ＡＫＢにいた前田敦子さんは、第三回の総選挙でトップに選ばれたとき、こう語っています。「プロデューサーにセンターで歌えと言われても、どうして自分なんだろうと不安があった。でもファンに選んでもらって、ここに居ていいんだと思えました」（『朝日新聞』二〇一二年一月一日）。アイドルとしての自分を自己評価するに当たって、秋元さんによる評価だけでは自信を抱くことができず、ファンから評価されて初めて安心できたと語っているのです。

　ＡＫＢを国民的なアイドルグループへと育て上げた秋元さんは、そのメンバーにとって神様のような存在です。しかし、その彼から授かった評価であっても、自信の絶対的な根拠にはなりえず、不安を覚えてしまう。彼女はそう吐露しているのです。では、この状況を学校に置き換えてみたらどうでしょうか。ＡＫＢのメンバーは秋元さんをしばしば先生と呼んでいるようですし、その芸能活動も部活に例えられることが多いので、さほど唐突なことではないでしょう。

　すると、学校の教師から受ける肯定的な評価が、今日の子どもたちにとっては絶対的な自信の根拠となりえなくなっていることに気づかされます。裏を返せば、その否定的な評価も、絶対的な反発の対象とはなりえなくなっているのです。教師は教育のプロフェッショナルのはずですが、その言動の重みが大幅に失われているからです。先生の教えを信じてさえいれば人生の可能性が開けるなどとは、もはや素朴には思えなくなったのです。そこに自分の人生の指針があるとは感じられず、その代わりに、ちょうど前田さんがファンからの評価を自信の支えとしたように、クラスメートからの評価のほうが圧倒的な重さを持つようになっているのです。

　たとえば、フェイスブックなどのＳＮＳを駆使して絶えずつながりを保持しようとしたり、ツイッターでフォロワーの数を過剰に気にかけたりするのも、おそらく同様の理由からでしょう。そこでもらえる「いいね！」の反応が、自分の支えとなっているのです。前章で述べたように、他者に囲まれた価値ある人間として自分が見られているかどうか、周囲の人びとの反応を過剰に気にかけるのは、そもそも承認を与えてくれる他者がいるかどうか、自分自身がつねに気を揉んでいるからです。だから、二重の意味で他者からの評価が気になるのです。

第１章では、仲間内への過剰な気遣いのあまり、個人情報を無造作にネットに上げて被害に遭ってしまう子どもの例を挙げました。しかし逆に、仲間の内輪ウケを狙ってネット上に載せたつもりの情報が、世間一般の人びとの間にも広まって、思わぬ加害を周囲に与えてしまうケースもときに見受けられます。たとえば、アルバイト先の店内で商品の陳列棚にふざけて横たわった写真を撮り、それをＳＮＳで発信してしまった事件では、その店舗は閉鎖廃業に追い込まれました。ここには、仲間に対して少しでも自分の書き込みに興味を持ってもらいたいという承認願望の強さを見てとることができます。若者調査も手がけてきた東京広告協会は、ＳＮＳのこのような使われ方をもじって、「そこらへん・なかまうち・サービス」になっていると皮肉交じりに形容しています。

羅針盤としての友だち

子どもたちの人間関係が流動化したのは、私たちの価値観が多様化し、既存の制度的な枠組みに強く縛られなくなったことの帰結でした。前章で指摘した新自由主義の広がりも、大局的に見ればその歴史の流れのなかにあります。かつて様々な規制に効力があったのは、その執行主体に権威があったからですが、価値観の多様化は、その特権性を削《そ》いでフラットな関係にするため、規制の正当性が崩れていくのです。いずれにしても、現在の日本では、かつてより多様な生き方が積極的に認められるようになり、人生の選択肢も広がってきました。しかし、それは同時に、かつてのように安定した人生の羅針盤が見つかりにくくなったことも意味しています。

明確な評価の物差しが社会の側に存在していた時代は、従順な模範生のように自分の内面にそれを取り込んで自己評価の拠り所とするにせよ、あるいは場合によっては不良少年のように反発を示して攻撃の矛先を向けるにせよ、どちらにしてもそれを標準器として利用することで、自己確認の基盤を確保することが容易でした。また、たとえ自分の信念や信条だけに従って生きているつもりの人であっても、その根拠は自身のたんなる思い込みにあったわけではなく、社会的な物差しと付きあわされることで客観性が担保されていました。だからこそ、それは時々の気分に左右されることなく、つねに一定の方向を指し示す人生の羅針盤となりえたのです。

このように、安定した人生の羅針盤が社会の側に存在し、それを個人が内面化していた時代には、人びとはそれを判断の拠り所にすることで、たとえ所属する集団に強く縛られていたとしても、その評価を過剰に気にしなくても済んでいました。自分の信念や信条を持っていた人も同様です。自分が進んでいる方向には普遍的な正しさがあると思えたので、たとえ今は周囲の人たちに理解されなくても、いずれは分かってもらえるだろうと素朴に期待をかけられたのです。

ところが、今日のように価値観が多様化してくると、自分がどんな選択肢を選んだとしても、それを選んだことに安定した根拠を見出せなくなってしまいます。様々な選択肢が横並びになると、別の選択肢の魅力がいつまでも意識のなかに残り、いま自分が選んだものが絶対とは思えなくなるのです。せっかく選んだものに何か少しでも不都合な点が見つかると、すぐに別の選択肢へと目移りが始まってしまうからです。このとき人は、周囲の他者からの評価にすがることで、自らの選択の安定性と客観性を確保しようとします。自らの判断が妥当であったことの根拠を、そこに求めざるをえなくなるのです。

今日の子どもたちは、学校とは異なった価値観が社会にはいくらでも存在することを、すでに幼少の時期からよく知っています。彼らの眼差しは、きわめて多種多様になりました。だから、つねに場の空気を読んで周囲の評価を確認しなければ、いま自分が向かっている方向は本当にこれでよいのか、その確証を得ることが難しくなっているのです。自分が進むべき方向についての迷いを払拭するため、周囲からの反応を絶えず探り、それを自分の羅針盤とせざるをえません。その結果、他者から与えられる自己承認の比重が増し、それを得られるかどうかが不安の源泉となってきます。他者とつながっていられない人間には価値がないかのような感覚が広まってきた背景には、このような承認願望の強まりという事情もあるのです。

統計数理研究所の「日本人の国民性調査」によると、「自分が正しいと思えば、それをおし通すべきだ」と考える日本人は、一九六〇年代までは四〇%を超えていましたが、その後は徐々に減少しつづけ、二〇〇〇年を越えてからは約二〇%になっています。とりわけ自分の生き方をこれから模索していかなければならない若年層にとって、仲間からの評価は大人以上の重さを持っているものです。前章で触れた青少年研究会の調査でも、どんな場面でも自分を貫くことが大切だと回答した者は、時代を経るにつれて減少しています。

もっとも、右の「日本人の国民性調査」によれば、信念を重視するタイプの人間が減少しているとはいえ、もともとそれが四割強しかいなかったのも事実です。半数以上は周囲の反応を気にかけ、それに従っていたのです。日本人が集団主義的で、世間の反応を気にする国民といわれてきた所以《ゆえん》でしょう。しかし、それでも今日ほど周囲の反応に対して敏感になったり、それを探りつづけたりする必要はありませんでした。当時は人びとの価値観がまだ同質的で、周囲からの反応にも一貫性があったからです。ところが今日では、他者からの評価にたびたび食い違いが生じるようになっています。そのため、自己評価も割れやすくなってきたのです。

昨今の若者や子どもたちが、友だちからの反応をつねに気にかけ、そのためにネットを駆使せざるをえないのは、このような事態が進行しているからです。神が絶対的な評価基準として君臨する一神教の国でもなく、また世間からの評価も安定性と一元性を失った現在の日本では、自分を評価してくれる仲間の存在が自尊感情を支える最大の基盤であり、またその仲間からの反応が自らの態度決定に有効な羅針盤であると感じられるようになっています。だから、その関係が損なわれることに強い不安を覚え、ネットを介した常時接続からも離れにくいのです。

世代間ギャップの縮小

今日の子どもたちに承認を与えてくれる他者として、教師の比重がどんどん減りつづける一方、入れ替わるように友だちの比重は増えつづけています。では、教師とともに、いや、それ以上に重要な承認を与えてきたはずの親の立場は、今日ではどうなっているのでしょうか。

第1章でも指摘したように、現在の家族に友だち親子が広がっているとすれば、自己承認を与えてくれる友だちの比重が増えている分だけ、親の比重もまた増えていることになります。しかし、ここには見落としてはならない重要な問題があります。それを考えるには、そもそもなぜ友だち親子が増えてきたのかを検討しておかなければなりません。

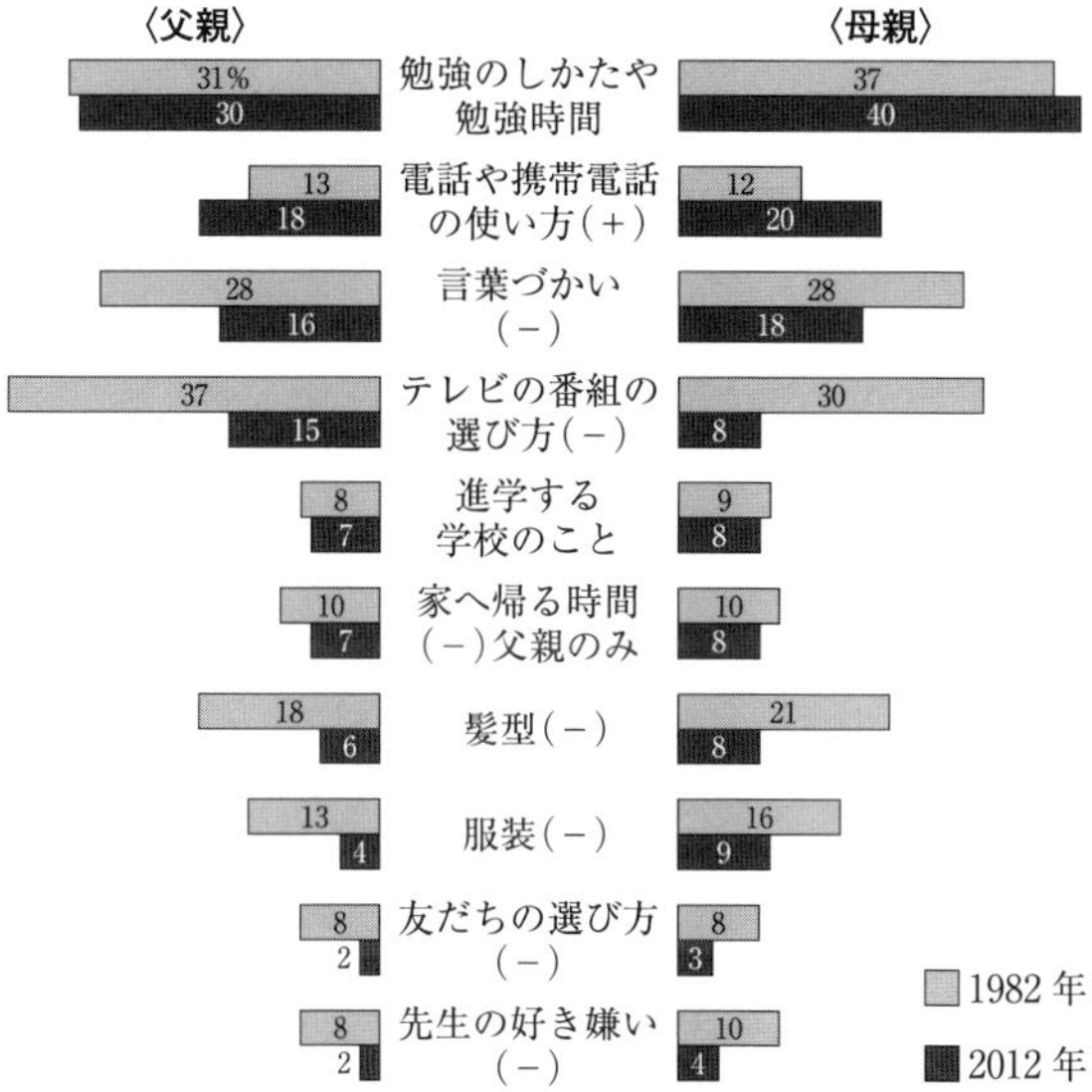

※図中(　)内の±は，1982年と2012年を比較した検定結果(信頼度95％)であり，2012年のほうが高ければ「＋」，低ければ「－」で示した．

図3-1　子どもと意見が合わないこと（中高生の親）

(NHK放送文化研究所『放送研究と調査』2013年2月号から転載)

第1章でも触れたNHK放送文化研究所の「中学生・高校生の生活と意識調査」によれば、中高生の両親が子どもとの間で意見が合わないと感じることは、**図3-1**が示すように大幅に少なくなっています。一九八二年と二〇一二年の調査を比較すると、意見が合わないと感じることが増えた項目は電話の使い方についてだけです。わが国に携帯電話が急激に普及したのは二子が中高生になった時期とでは、通信事情が明らかに大きく違っているからです。

一方、その他多くの項目については親子間で意見が合わないと感じることが減っています。いいかえれば、両者の意識のギャップが小さくなっているのです。第1章で示した七頁の図1‐1からも、その実態は推察できます。第1章では、世代が新しくなるにつれて価値観の多様化が進んでいる様子がうかがえると指摘しましたが、それと同時に、この図からは現在へと近づくにつれて世代間の落差が縮まっている様子も見てとることができます。かつて「親子の断絶」が大きな話題となった頃、当時の親子にあたる戦争の世代と団塊の世代とでは、その価値観に相当な隔たりがありました。しかしその後、第一戦後と新人類へ、そして団塊と団塊ジュニアへと、親と子の世代が移行していくにつれ、その隔たりは徐々に縮まってきます。さらに現在の親子にあたる新人類と新人類ジュニアに至っては、その価値観にほとんど違いが見られません。

では、世代間の隔たりがこのように狭まってきたのはなぜでしょうか。電話の使い方について意見の相違が目立つようになったのは、この十数年の間に通信事情が大きく変わったからでした。それと同様の理屈で考えるなら、親子それぞれの世代が思春期を迎えた時期の社会状況が、通信以外の点では逆に大きく変わらなくなってきた結果といえるのではないでしょうか。そのような観点から日本社会を改めて振り返ってみると、戦後の経済成長率は大きく三段階で落ちてきたことに気づきます。戦後の高度成長期は、一九七〇年代半ばのオイルショックを契機に安定成長期へと移行し、さらに九〇年代初頭のバブル経済崩壊を経て、低成長期へと移行してきたのです。これを山登りのイメージで図式化してみるなら、**図3-2**のように描けるでしょう。

　この図で、高度成長期の初期に一五歳だった子ども(a)が、その後に成人して二五歳でわが子を授かったとします(b)。すると、この間に一〇年の歳月が流れています。さらに、この赤ちゃんが成長して一五歳を迎えた段階(c)では、さらに一五年の歳月が流れています。親が一五歳だった時点から起算すると、合わせて二五年の歳月が流れていることになります($x1$)。そして現在では、当時一五歳のこの子どもが親世代になっているのです。

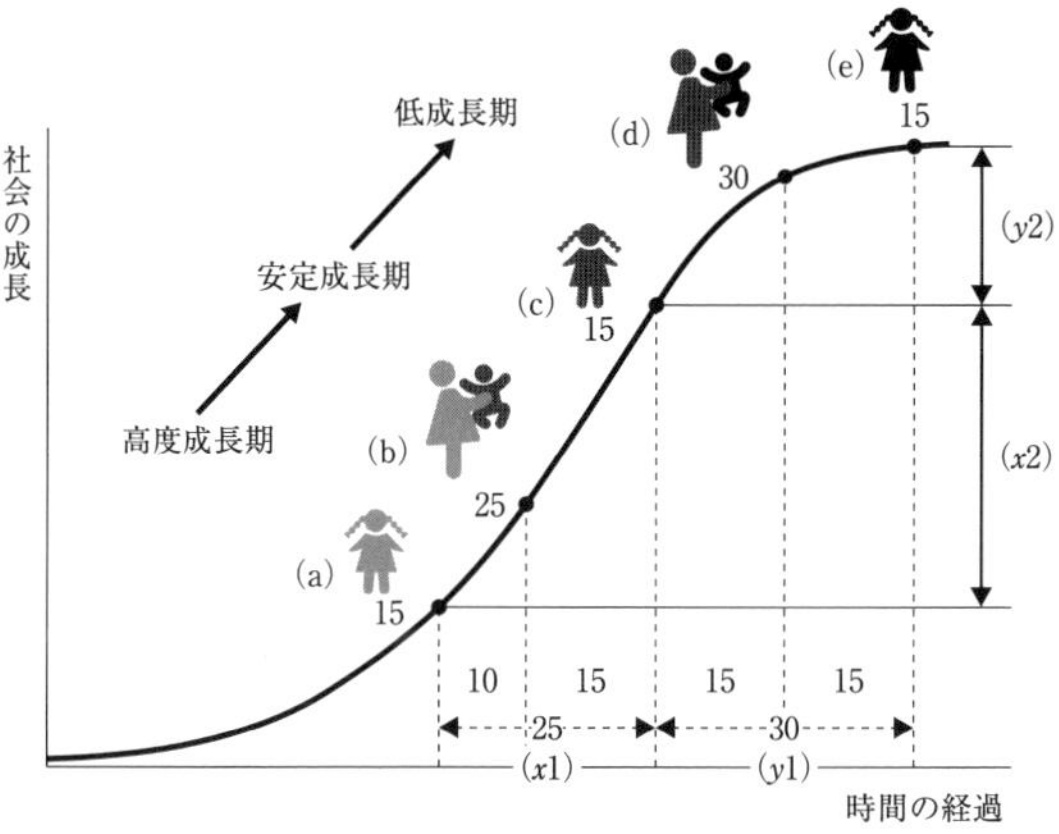

図3-2　社会の成長と世代間ギャップ
（著者作成）

　近年は晩婚化が進んでいますから、今度はこの世代が仮に三〇歳でわが子を授かったとしましょう(d)。すると、自分が一五歳だった時期からは一五年の歳月が流れていることになります。そして現在では、この赤ちゃんが一五歳の思春期を迎えています(e)。ここでもやはり一五年の歳月が流れていますから、親が一五歳だった時期から起算すると、合わせて三〇年の歳月が流れていることになります($y1$)。

　かつての親子よりも、今日の親子のほうが、一五歳を迎えた時点での両者の時間幅は広がっています。しかし、この図から明らかなように、両者の間では社会変化の度合いがまったく違っています。かつてのギャップ（$x2$）に比べて、今日のそれ（$y2$）はずっと小さくなっているのです。かつての親子には、それぞれの世代が思春期を迎えた時期の社会状況に大きな落差がありました。その間に社会は急激に成長していたからです。しかし今日の親子では、そこにほとんど差が見当たりません。その間に社会はあまり成長していないからです。

第1章でも指摘したように、今日の思春期には激しい第二次反抗が見られなくなったといわれます。各種の調査報告書を見ても、親子関係はたしかに良好になっています。価値観が多様化して抑圧されなくなったことに加え、親との意識の隔たりも見られなくなってきたからでしょう。そして、このような事態が進行している背景には、社会成長の鈍化という大きな要因があるのです。

承認の耐えられない軽さ

今日の子どもたちの承認願望について考えるとき、ここには非常に重要な問題が潜んでいます。親子の関係が良好になったのだから、子どもたちも承認願望を満たしやすくなったのだろうと思われるかもしれません。しかし、現実はまったく逆です。たしかに一面では承認を得やすくなったといえますが、その裏では、承認の重さが圧倒的に軽くなっているからです。

子どもたちは、どんな相手から承認を授かったとき、それを貴重なものとして深く重く受け止められるでしょうか。それは、自分と対等な相手からの承認ではないはずです。自らの存在など吹き飛ばすような圧倒的な力で迫ってくる相手でなければ、そこから授かる承認は絶対的なものとなりえません。自分の生殺与奪の権利すら握る強力な存在だからこそ、否定されたときの衝撃も大きい代わりに、承認されたときの安心感も大きいのです。いざとなったら拒否できるようなフラットな相手からの承認など、その程度の重さと価値しか見出せないものです。

もちろん、対等な他者からの承認でも、そこに安定感と重さを覚える場合はありますし、大人どうしの関係では、むしろそちらのほうが望ましいはずです。その点については次章で触れます。しかし、少なくとも子どものうちは、安心して一方的に依存できる対象が必要です。人は、その体験を経て初めて、自立への一歩を踏み出せるものだからです。今日の親子が、友だち同士のように不安定な関係にあるとしたら、それは子どもの自立をかえって阻害していることになります。

同じことは、教師と生徒の関係にも当てはまります。先述したように教師の権威が低下してくるにつれ、たしかに両者の関係は良好になっています。ＮＨＫ放送文化研究所の「中学生・高校生の生活と意識調査」によれば、担任の教師は自分のことをよく分かってくれると感じる中高生は、二〇〇〇年代初頭に一時的に落ち込む時期があったものの、概して増えつづけています。二〇一二年の調査では、中高のいずれも八〇％を超えています。今日の生徒にとって、教師とはもはや鬱陶しい存在などではなく、むしろ友だち感覚で付きあえる相手です。しかし、それは同時に、教師から与えられる承認が、それだけ重さを失ってきたということでもあるのです。

今日では、まったく同じことが、ほとんどの友だち関係に当てはまります。人間関係から満足できる承認を得ることがなかなか難しく、逆にその願望がどんどん肥大していきやすいのはそのためです。誰から承認を与えられたとしても、それがフラットな相手からのものであるかぎり、究極の充足感を得ることはできません。こうして他者から承認されているという実感の底が浅くなった分だけ、幅広く承認を求めていかざるをえなくなっているのです。質の低下を量の増大でカバーしなければ、安心感を得ることが難しくなっているのです。

ところで、大人と子どもの世代間ギャップの縮小は、子どもたちにとって大人という共通の敵が消えてきたことも意味しています。たとえば、今日の中高生たちの多くは、一九八〇年代に若者の代弁者と呼ばれ、カリスマのように崇められたロック歌手、尾崎豊の歌を聴いて、被害妄想ではないかと違和感を抱くといいます。自分の考えを親が理解してくれないとか、自分の希望を教師が受け入れてくれないとか、そういった不満はすでに薄れており、大人はむしろ自分の良き理解者であると感じられるようになっているからです。

第1章で、今日では若者も子どもも慎重に行動するようになった結果、青少年犯罪が激減していると指摘しました。しかし、そもそも犯罪には不満の発露という面もあります。その点からいえば、大人社会に対してかつてのように大きな不満を抱えなくなってきたことが、今日の青少年犯罪を減らしている側面もあるのでしょう。過去を振り返ってみれば、非行グループとは大人社会や学校への反発を核に形成されるものでした。共通の敵がいたからこそ、少年たちは固く団結できたのです。ところが、今日のように社会も学校も敵とはみなされなくなると、非行グループの存続は危うくなり、そこで醸成されてきた非行文化も姿を消していくのです。

一般の子どもに目を転じても、中高生が悩みごとを相談する相手として、友だちの占める比重は、近年は徐々に減っています。代わって比重を増やしているのが母親です。かつて思春期の子どもたちにとって、悩みの相談相手といえば圧倒的に友だちで、母親に相談する中高生はごくわずかでした。しかし、時代を下るにつれて両者の落差は縮まっています。**図3-3**が示すように、中学生ではもうほとんど差が見られません。高校生ではまだ友だちが多いものの、それでも両者の差は縮まりつつあります。

友だちは、たしかに悩みを共感しあえる相手ですが、今日では同時にリスクをはらんだ関係にもなっています。そのため、おいそれと本音を打ち明けて、互いの関係を傷つけてはまずいと二の足を踏んでしまうのでしょう。一方、母親のほうは、反発を覚える度合いが減るにつれて共感度は増してきますから、それだけ悩みを相談しやすくなっているのでしょう。両者が収斂しつつある背景には、このような事情があるものと推察されます。ただし、これまで述べてきたように、だからといって母親に何でも打ち明けられるようになったわけではありません。親子関係が友だち関係に近づくにつれて、それは同時にリスクをはらんだ関係にもなっていくからです。安定した関係ではないという点では、友だちも親も同じなのです。安心して本音をさらけ出せる真の相談相手を見つけるのは、今日ではなかなか至難の業なのです。

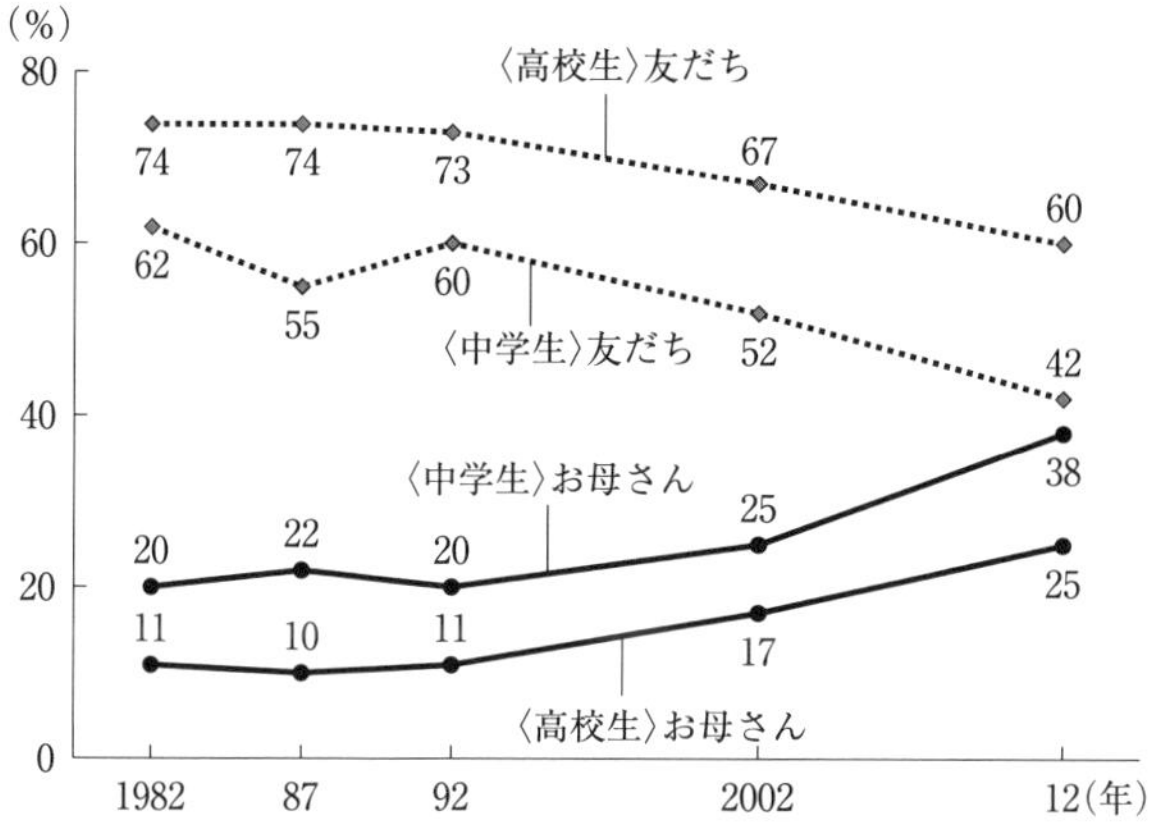

図3-3　悩みごとの相談相手

(NHK 放送文化研究所『放送研究と調査』2013 年 1 月号から転載)

無極化する教室

さて、以上のことを視点をずらして見れば、同じ世代内での小さな違いが、子どもたちの間でかつてより目立つようになってきたともいえます。大人と子どもの価値観に大きな落差があった時代には、子どもたちの関心もまずその相違へと向けられていたので、仲間内の細かな違いはさほど目立ちませんでした。「うちの親はものわかりが悪くて」とか、「あの教師はうるさくて」などと語りあっていれば、それを潤滑油に互いの関係を良好に保つことが容易だったのです。

ところが現在では、大人たちが共通の敵として子どもたちの眼前に屹立《きつりつ》しなくなっています。社会学者の鈴木翔さんが、インタビュー調査の際に中学生が語ったというこんな言葉を紹介しています。「はっきり言って、たかが先生に何もウチら（生徒が）コントロールされることはないですからね。面倒だからコントロールされたふりしてあげることはありますけど。（教師は）生徒からいじめられちゃうこともザラにあるでしょ？　だから〈上〉の生徒と仲良くなって、権利の一部を分けていただく。そういうことで多少は先生にも教室での権限が与えられることはありますかね」（『教室内カースト』光文社新書、二〇一二年）。

このような状況は、友だちとの関係への鋭敏さをさらに助長し、摩擦を帯びやすくさせていきます。今日、安定した人間関係を構築することが困難になったのは、たんに価値観の多様化によって依って立つ地平が人によって異なるようになり、互いの考えを理解しあうことが難しくなったからだけではありません。また、それによって制度的な枠組みの拘束力が緩み、人間関係の流動化が進んできたからだけでもありません。さらに、このように互いの小さな差異に対して、それをかつて以上に敏感に感じとるようになってきたからでもあるのです。組織的な対教師暴力が減少する一方で、癇癪《かんしゃく》爆発型の校内暴力が増え、また生徒間トラブルも増加して、それがしばしばいじめ問題へと拡大していきがちなのも、このような背景があるからです。

今日では、友だちとの関係の重要性はかつて以上に高まっているのに、それを円滑に営むことはかつて以上に難しくなっています。いつも予想通りの承認を友だちから得られるか、その先行きを見通すことは容易ではありません。今日まで肯定的な反応だったからといって、明日もそうである保証はどこにもないのです。だから、仲間内での自分の居場所を安全に確保するために、周囲の反応を探るアンテナをつねに敏感に作動させておかなければならないのです。

この点から見たとき、ＡＫＢ第五回総選挙の結果はまさしく今日的なものでした。前田さんと大島さんの二人が首位を争っていたそれまでの総選挙では、どちらかが首位に立つのだろうとファンも予想していましたし、実際にその通りになっていました。ところが前章でも触れたように、第五回総選挙では「まさか！」の大番狂わせが生じたのです。開票イベントの生中継で指原さんが一位に指名されたとき、唖然とする関係者の姿が映し出されましたが、開票会場の大きなどよめきぶりは、それがファンたちにとっても意外な結果だったことを物語っています。

これを再び今日の学校の隠喩《いんゆ》として捉えるなら、クラスのなかでいったい誰が人気者になるか、その基準はもはや教師の想定を超えたところにあるということです。それどころか、子どもたち自身ですら、予想がつかなくなっているということです。それぞれの思いの最大公約数がどこに着地するかは、その瞬間その瞬間にしか分からないのです。裏を返せば、誰がいじめの標的となるかも、その時になってみるまでまったく分からないということです。タレントである指原さんは、いわばいじられ役に徹することで、グループ内での自分のポジションを不動のものにし、その存在感を高めてきました。しかし学校の教室では、いってみれば長調の雰囲気で行なわれる戯れのようないじりが、被害者に深刻なダメージを与えかねない短調のいじめへといつ転調されるのか、そのきっかけはクラスメートの誰にも分からないのです。

今日のいじめが、どこにでも誰にでも起こりうる問題となっているのはそのためです。自分たちとは異なった特定の子どもを排除しようとするのではなく、元来は友だちどうしの間柄で、あたかもロシアン・ルーレットのようにいじめの標的が定まるからです。あらかじめ特定の根拠があって標的になるわけではなく、理由は後付けにすぎないからです。そのため、国立教育政策研究所が数年にわたる追跡調査で明らかにしたように、いじめの標的がいったん選ばれても安定せず、友だちの輪の中を順番に回っていくことも珍しくなくなりました。自殺へ至るほどいじめの被害が深刻化し、それが表面化してニュースになりやすいのは、被害者が固定化された場合に多いので、あたかもそれが多数を占めているかのように錯覚してしまいがちですが、現実には、同一集団のなかで加害と被害が回っていくタイプのいじめが多数なのです。

もっとも、被害者がいったん固定化してしまった場合、いじめの手口が残忍化し、どんどんエスカレートしていきがちなのも、じつは同様の背景に由来しています。加害側の生徒たちがつねに気にかけているのは、同じグループ内の他の生徒たちの反応であって、被害者をじっと見つめているわけではないからです。ともかく自分たちが周囲から承認を得るために、仲間のウケを狙うことに必死で、被害者の反応に目を注ぐことは二の次になっているからです。だから、その行為が相手に及ぼす被害の深刻さにまでは、とても気が回らないのです。

いじりといじめは、その被害の程度はまるで違っても、心理的には同根の現象で、いわば紙一重の関係にあります。だから学校では、誰もが自分だけ突出することを避けようとします。先述したように、リーダー的なポジションに就くことも避けようとします。ともかく目立たないことに徹するのです。前章で、「意識が高い」という言葉が今日では皮肉を込めた蔑称として使われる機会が増えていると述べました。この使われ方が示唆しているように、フラットな関係を傷つける振るまいは、今日ではきわめて危険な行為とみなされます。ある中学生が創作した川柳、「教室は　例えて言えば　地雷原」が物語るように、いったい教室のどこに地雷が埋まっているのか、いつ誰がそれを踏んでしまうのか、いまの学校では誰にも分からないからです。

ある高校生は、自らの中学時代を振り返って、こう語っています。「いじめが良くないことは分かっていました。でも一緒にいじめてしまったのは、友だちの輪から外れて独りぼっちになる、いじめの対象が自分に変わるかもしれない、という考えがあったからだと思います」（『朝日新聞』二〇一二年一一月一四日）。孤立することを過度に恐れ、けっして関係から逃れられないと思い込んでいる点では、いじめの加害側も被害側も、じつは同じ心理を抱えているのです。

第4章　常時接続を超えて

肥大する承認願望

　まず**図4-1**をご覧ください。今日、子どもたちの日常において、友だちの占めるウエイトがいかに大きいか一目瞭然でしょう。ここまでの三つの章では、この心性の背後に何があるのかを探ってきました。では、私たち大人は、この現実とどのように向きあうべきなのでしょうか。

　これまで述べてきたように、今日の子どもたちが、価値観の多様化した世界のなかで、制度に縛られない自由な人間関係を営むようになっているとしたら、そこで互いの異なった価値観が衝突しあい、軋轢《あつれき》や争いが増えてもよさそうなものです。多様なものの見方が乱立するようになれば、それだけ互いの見解が相違をみせ、対立する機会も増えるはずでしょう。それでも大人なら、さまざまな利害から配慮を働かせて、衝突を避けようとするかもしれません。しかし、少なくとも子どもたちは、そんな配慮とは無縁のはずです。

　ところが、現実にはそうなっていません。まさにこの価値観の多様化が、各々の意見をぶつけあう方向にではなく、むしろ対立を避け、相互の違いを認めようとする方向に作用しているからです。今日の子どもたちは、がむしゃらに主張を押し通そうとはせず、互いに譲りあうようになっているのです。それだけ老成しており、平和的で望ましい多様化のあり方が進んでいると評価することもできます。しかし裏を返せば、互いの内面にあまり深入りをしなくなったと捉えることもできます。その背後にあるのは、これまで述べてきた承認願望の強さです。絶えまなく承認を受けつづけるためには、つねに衝突を回避しておかなければなりません。そのため、互いに相手を傷つけないよう慎重にならざるをえないのです。

親子関係についても同じことがいえます。本来なら、親子関係がフラットになったからといって、そこに軋轢が生じないということにはならないでしょう。世代間ギャップが縮小しているため、たしかに反発は覚えにくくなるかもしれません。しかし同時に、親を敬うことも少なくなり、喧嘩が絶えなくなってもおかしくはないはずです。そもそも価値観は多様化しているのですから、そこで親と子が対等になれば、自分の思いとはズレる親の意見に対して、子どもたちは公然と異を唱えるようになってもよいはずです。

ところが、現実にはそうなっていません。その背景にあるのも、やはり承認願望の強まりでしょう。ここで重要なポイントは、それが子どもだけの傾向ではないという点です。親と子の双方が、ともに絶えまなく承認を受けつづけたいと強く願うようになっているのです。今日の親たちも、

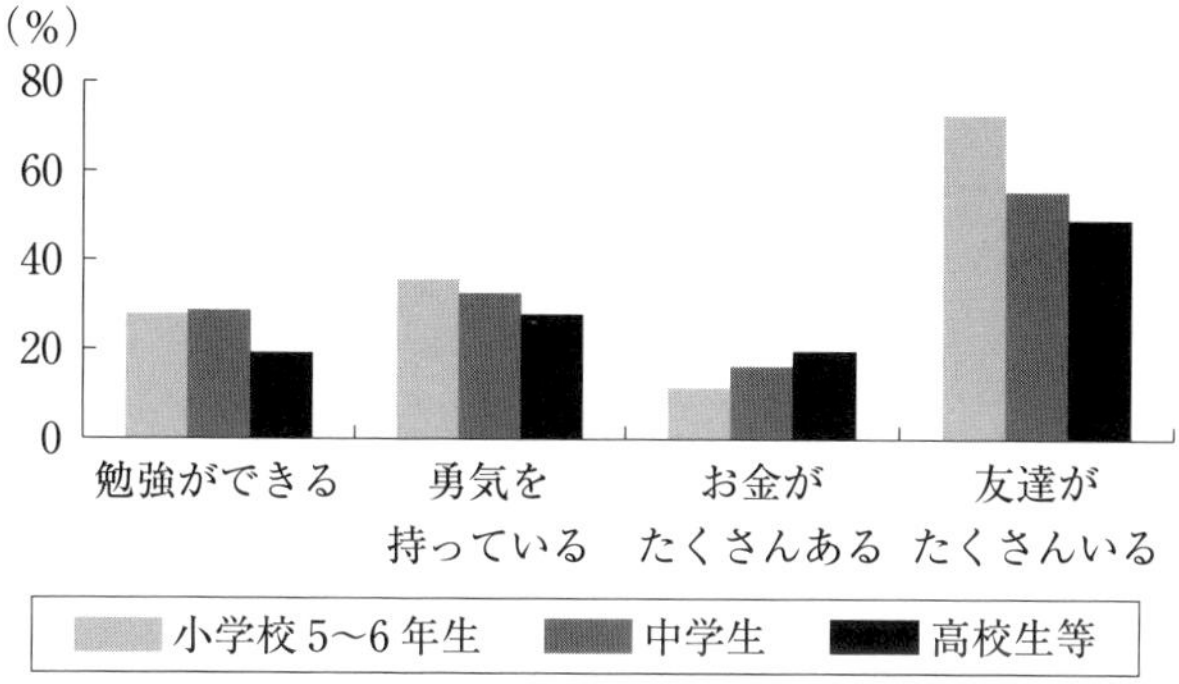

図 4-1　大切だと思うこと
〜複数回答から一部抜粋〜
(内閣府『平成 25 年版 子ども・若者白書』71 頁)

子どもと同じくこの社会の空気を吸って生きており、まだ四〇歳そこそこでは、自分の立場を安定させるのは難しい状況に置かれています。価値観が多様化していることに加え、その年齢層の上には大量の高齢者人口が、既得権を手放さずに居座っています(私もその一人なので、あまり声高にはいえないのですが……)。また、雇用も不安定化しています。このような状況のなかで、親たち自身も人生の羅針盤を見つけづらくなっているのです。

今日の親たちは、一人前の親として、さらに欲をいえば有能な親として、周囲の人たちから承認されたいと、かつて以上に強く切望するようになっています。いや、抱え込んだ不安の大きさは、それだけでは解消されえず、良き親として我が子からも積極的に承認してもらいたいと切望するようになっています。だから、自らの意見を子どもにも無理に押しつけようとはしなくなっているのです。今日の親子関係において、子どもの側からだけでなく、親の側からも友だち感覚を抱くようになっている背景には、このような事情があります。

そう考えると、学校の教師についても同じことがいえることに気づきます。とくに生徒たちと年齢の近い若手の教師には、その傾向が強くうかがえるようです。乗り越えるべき壁として生徒の前に立ちはだかってみせるのではなく、むしろ生徒と同じ目線に立ち、その仲間の輪のなかに入り込むことで、円滑な学級運営を実現していこうとする教師が増えているのです。

その態度は、よくいえば民主的なのでしょうが、裏を返せば、生徒との関係をフラットにすることで、自らの指導責任を少しでも低減させたいという願望が忍び込んでいることも否定できません。教師が権威ある大人として生徒たちの前に君臨していれば、なにか問題があったときの責任もすべて教師が背負わなければなりません。自分自身がつねに承認されたいと強く願っている人たちにとって、それは非常な重荷と感じられることでしょう。

イツメンという世間

前章で、自分と対等な他者からの承認には絶対的な安定感がなく、充足感を覚えることも難しいと述べました。しかし、それは互いの内面に立ち入らない表層的な付きあいだからです。そんな相手から与えられる承認だから、その程度の重さしか感じられないのです。他方、たとえ対等な他者からの承認であっても、互いに内面を理解しあい、心から尊敬できる相手が与えてくれた承認であれば、そこには自己肯定感の確実な基盤となりうるだけの重さがあるはずです。そんな相手であれば、円滑な関係を維持していくために、じつは常時接続も必要ありません。いや、そもそも関係が円滑であることすら必要ではないはずです。互いの本音を理解しあっていれば、たとえ表面的には摩擦が生じたとしても、それで関係が壊れるかもしれないなどと不安に駆られることはないからです。むしろその摩擦は、互いの関係を省みて、さらに深めていく契機にすらなるでしょう。

本来の人間関係とは、そのようにあるべきものです。少なくとも大人どうしの関係においては、それが理想の姿でしょう。自律的な個人が相互に信頼して尊敬しあえる関係を築き、そこで互いに承認を与えあうことができれば、きっと自己肯定感も揺るぎないものとなるに違いありません。そのような観点から眺めるなら、圧倒的に強い他者を追い求め、一方的に依存しようとする心情の高まりには、むしろ警戒が必要です。なぜなら、そのような過度の承認願望には、きな臭いカリスマ待望論へとつながりかねない危険も秘められているからです。かつてナチスがドイツを席巻した背景を分析した社会心理学者のエーリッヒ・フロムは、それを「自由からの逃走」と形容し、そこに権威主義的性格の典型を見出したのでした。

子どもの世界に話を戻しましょう。第2章で指摘したように、今日の子どもたちは、友だちの数を大幅に増やしています。そのことからもうかがえるように、彼らは、ネットを駆使することで、人間関係を拡大していこうとする傾向を強めています。ところがその一方で、できるだけ価値観の似通った人だけと確実な関係を保持していこうとする傾向も同時に強めています。

たとえば、一七歳のある女子高校生はこう語っています。「友だちを使い分けています。一緒に勉強する友だち、将来の話をする友だち、校外活動をともにする友だち。局面に応じて最適な友だちを選んでいる。嫌な人は切ってしまう」（『朝日新聞』二〇一三年五月二日朝刊）。また、一八歳のある男子高校生もこう語っています。「友だちとは上手に付きあいたい。ケンカはしたくない。共感するならシェアするけど、気が合わないなら付きあわなければいい。互いに不協和な点も含めて全人格的に付きあうのではなく、場面ごとに都合のよい相手だけを選んで付きあいたい、それが叶《かな》わない人間とは最初から付きあいたくないと語っているのです」（同）。

前出の青少年研究会の調査でも、遊ぶ内容によって友だちを使い分けていると回答した子どもは、この一〇年間で増えています。その裏で、親友と真剣に話ができると答えた子どもは減っています。同様に、親友とケンカしても仲直りできると答えた子どもも、自分の弱みをさらけ出せると答えた子どもも、それぞれ減少しています。また、親友以外も含めた友だち全般と、意見が合わなかったときには納得がいくまで話しあいをすると答えた子どもも激減しており、逆に、あっさりしていて互いに深入りしないと答えた子どもが増えています。

　このような傾向は、人間関係を拡大していこうとする先の態度と矛盾した行動のようにも見えます。しかし、背後にある心性はじつは同一です。一方は少しでも多くの承認を得るためであり、他方は少しでも安定した承認を得るためだからです。見かけ上の手段は異なっていますが、どちらも得られる承認を少しでも確実なものにしておきたいという願望の表れなのです。

　このような傾向から推察すると、今日の子どもたちができるだけ多くの友だちを確保しておこうとする先の態度も、それが人間としての価値を測る物差しとなっているからだけではなさそうです。それに加えて、それぞれの場面で最適な友だちを選び、相手を切り替えていくためでもあるのです。局面ごとに最適化を目指して、切り替えを頻繁に行なおうとすれば、その母集団として確保しておくべき友だちの数は増えざるをえないからです。

　第2章で指摘したように、付きあう相手を自分が勝手に選べる自由は、その相手から自分が選んでもらえないかもしれないリスクとセットであり、学校でつねに行動を共にしているイツメンとは、そのリスクを低減させるための工夫でした。友だちの獲得競争が熾烈を極める学校空間を、何とか無事に生き抜くためのセーフティネット（安全網）といってもよいかもしれません。したがって、イツメンとは、必ずしも心を許しあえるような間柄ではありません。そこで営まれているのは、互いの内面には立ち入らない表面的な付きあいです。それが、リア充（リアルな人間関係が充実している）と彼らが呼ぶ状態の内実であり、大人の感覚でいえば世間に近いものです。

イツメンとは、休憩時間に一人にならないようにするために、とりあえず掛けておくべき保険のようなものです。人間関係がもっとも流動的になる休憩時間という局面で、いつも一緒にいられるという点で最適な友だちを選んでいるにすぎません。一方では友だちの数を増やしておきたいが、しかし他方では価値観の似通った人だけと付きあいたいというアンビバレントな願望の妥協の産物ともいえます。だから、そこで得られる承認にもその程度の重さしかないのです。

人間関係の視野角度

近年のモバイル機器の発達が、このような人間関係の切り替えと棲み分けを促進しているのは間違いありません。モバイル機器を駆使することで、実際の時空間に縛られることなく、いつ何処にいても、つながりたい相手だけを選んで、即座につながりあうことが、今日ではきわめて容易になりました。ただし、そこで実現されているつながりの多くは、イツメンがそうであるように表面的な社交の世界です。腹を割って話せるような真の親友をそこで見つけることは、じつはきわめて難しいのが現状なのです。

もちろん、イツメンのなかに真の親友を見つけられた幸運な子どもたちも一部にはいます。彼らは、それを心友や信友などと表現します(真友や神友も使われるようです)。しかし、それはむしろ稀なケースです。学校生活において、イツメンとの関係は世間に該当するものですから、多くの場合、特定の子だけとの抜け駆けは許されません。仲間内では八方美人でいなければならないため、心を開いて話せるような親密な相手を見つけるのは至難の業です。イツメンの多くは、表面上は親友であっても、じつは辛友であったり針友であったりすることも珍しくないのです。

しかも、イツメンとの関係維持にもネットが活用されるようになり、二四時間の常時接続が可能となった結果、皮肉にも親友を作ることはさらに難しくなっています。付きあいがリアルな対面状況にかぎられていた時代は、実際に付きあえる時間と場所に限界がありました。しかし、ネットはその範囲を無限に拡大してしまいました。イツメンは保険ですから、つね日頃から掛け金ならぬ配慮を払っておかないと維持が難しい関係です。そこへネットが使われるようになったため、物理的にも精神的にも、その関係から逃れにくくなってしまったのです。二四時間いつでもイツメンの動向を気にかけざるをえないため、真の親友を見つけるだけの余裕がなくなってしまったのです。

ところで、自動車の安全速度は、走行中の道路事情と運転者の技量によって決まります。いくら運転者の技量が高くても、市街地の道路を高速で走行するのは無謀な行為ですし、逆に、いくら郊外の見通しの良い道路であっても、運転者の技量が低ければ、安全速度は遅くなるでしょう。自らの技量を顧みずにアクセルを踏み込めば、たしかにスピードは自動的に出るものの、自分の意志どおりにコントロールできず、機械に振り回されてしまいます。

モバイル機器についても、それとまったく同じことがいえるでしょう。使われる環境と使用者の力量によって、その有益性と有害性のバランスは左右されるはずです。自動車を運転中の視野角度は、速度が増すにつれて狭くなります。時速四〇キロで走行中は約一〇〇度ありますが、時速一三〇キロになると約三〇度になってしまいます。人間の動体視力がついていかないからです。だからこそ、自動車を高速で運転するためには、訓練と経験の積み重ねによって技量を高める必要があります。そうしてみると、今日の子どもたちのモバイル機器の使い方は、まだ運転能力の未熟な段階で、いきなりアクセル全開で自動車を走らせているようなものではないでしょうか。

今日の子どもたちは、モバイル機器に備わった機能やアプリのサービスを巧みに使いこなして、器用に人間関係をマネージメントしているように見えます。しかし、そこでいざトラブルに陥ったときの対処能力はまだ未熟です。そもそも学校という人口の密集した市街地の道路で、モバイル機器という自動車を暴走させているようなものですから、当然ながらトラブルや事故は起きやすくなります。モバイル機器によって常時接続化した人間関係のマネージメントに振り回されて、その視野角度がきわめて狭くなっているからです。

現在の自動車は、その気になれば時速二〇〇キロ以上の速度を簡単に出せます。しかし、F１レーサーならいざ知らず、並みの人間ではとても動体視力がついていきません。同様に、今日のモバイル機器も、その機能が急激に高度化したため、人間の動体視力ならぬ関係能力が、その機器の性能についていけない状態にあります。とりわけ子どもの場合はそうです。だとしたら、いきなりすべての機能を使い切るのではなく、それなりの訓練と経験を積むまでは、その一部を制限する仕組みも必要なのかもしれません。

キャラの機能

今から一〇年前、このブックレットの一冊として『「個性」を煽られる子どもたち』を上梓した私は、当時の子どもたちが、生まれもった素朴な特性をかけがえのない個性と感じ、自分が変化することへの期待感よりも、むしろその恐怖心を深めていると書きました。それから五年後、同じくこのブックレットの『キャラ化する／される子どもたち』では、その素朴な個性観は内キャラとしてさらに単純化・平板化され、そのため生活圏の内閉化が進んでいると指摘しました。

ところが、そこからさらに五年が経ち、いまやその内キャラすらも、外キャラによってほぼ駆逐されつくしてしまったようです。今日の子どもたちは、自らの人格イメージを単純化・平板化させた外キャラを演じあうことで、価値観の多様化によって複雑化した人間関係を、しかし破綻させることなく円滑に回していこうと必死になっています。自分探しの時代はすでに過ぎ去り、いまは友だち探しが主流の時代になっているのです。

このように、互いの内面にまで深入りすることなく、滑らかな人間関係を維持していくための工夫の一つとして、今日の若年層に広まっているのが人物像のキャラ化です。キャラとは、ハローキティやミッフィーなどのように最小限の線で描かれた単純な造形です。それは単純かつ明瞭であるがゆえに、私たちに強い印象を与え、全体像の把握を容易にしてくれます。生身の人間の場合も同様で、あえて人格の多面性を削ぎ落とし、最小限の要素だけを平板化して示すことで、互いの理解は表面的になるものの、しかし容易に摑みやすいものにもなるのです。

日本の伝統芸能の一つである能を想起してください。現実界の人物として登場する前場の主人公（シテ）と、夢幻界に登場する後場のシテは、役者が異なった能面をかぶって演じ分けます。観客は、役者の演技によるだけでなく、シテの心象風景の特徴を強調し、それをシンボル化した能面が切り替えられることで、同じ舞台上であっても容易に異界へと移行することができるのです。

キャラとは、多元化した現在の人間関係において、この能面の役割を担うものです。人間関係の不確実性が増していくなかで、それでも人間関係を滑らかに運営していくための対人技法の一つなのです。互いにキャラを立て、それを演じあうことで、複雑化した人間関係に安定した枠組みを与え、価値観の多様化によって失われた「あうんの呼吸」を再び取り戻そうとしているのです。

これまで、ネット上のコミュニケーションでは、相手の表情や仕草、声色といった言語以外のさまざまな情報が抜け落ちてしまうので、双方のあいだに誤解が生じやすく、フレーミング（炎上）と呼ばれる衝突が起きやすいと指摘されてきました。すでに述べたように、メールのフェイスマークも、ＬＩＮＥのスタンプ機能も、この欠落を補おうとするものでした。しかし、たとえば自分の容姿を単純な造形で描いたアバターと呼ばれるネット上の分身がそうであるように、これらのシンボルにはもっと本質的な意味があるのです。

ネット上のコミュニケーションでは、非言語的な情報量が少なく、相手の反応も読みとりにくいがゆえに、じつはキャラのシンボル操作がかえって容易に行なわれやすくなります。意図された特定の情報だけを送受信でき、一面的な人格イメージを作りやすいため、人物のキャラ化が促進されていくのです。単純化されたキャラにとって、雑多な情報はかえってノイズになりますが、ネット上のコミュニケーションではその雑多な情報が切り捨てられるため、キャラのイメージを純化させやすいのです。

しかし、裏を返せば、ネット上ではそれだけ人物像が紋切型になりやすいともいえます。それはネット上にかぎった話ではありません。じつは対面的な付きあいの場でも、互いにキャラを演じあっている以上、多かれ少なかれその傾向は促進されていきます。人間関係の見通しを良くするということは、いいかえれば予定調和の関係を実現するということですから、良くも悪くも初期設定された関係が、既定のバージョンのまま延々と続くだけになりがちなのです。

予定調和の落とし穴

かつて大衆芸能の一つだった猿楽《さるがく》を芸術の域まで高め、能としての形式を完成させた世阿弥《ぜあみ》は、役者の心構えの一つとして「離見《りけん》の見《けん》」という言葉を残しています。舞台上で役を演じる者は、その姿を舞台の頭上から見下ろすかのように、演じている自分を客観的に見つめるもう一つの目を持っていなければならない。そう説いているのです。実際、能面はかなり分厚く作られているため、それをかぶった役者の視界は非常に狭く、目の前の観客の姿しか見えません。この言葉は、役者の精神論であると同時に、そんな現実的な事情も反映したもののようです。

そうしてみると、この言葉は、キャラを演じあう今日の人間関係にも当てはまることに気づくでしょう。では、キャラを演じている自分の姿を自身でモニターすることは可能なのでしょうか。予定調和を崩さないようにキャラを演じあう関係では、衝突などを経験して関係を相対化してみる契機がないため、互いの関係を深めていくことが難しくなります。局面ごとに最適な相手を選んで付きあっているかぎり、その局面ごとに設定された特定のキャラと出会うことしかできません。そのため、規定値であるキャラ以外の面には気づけません。相手の意外な側面は、「キャラでもない」と切り落とされてしまうからです。ひるがえって自分を見つめ直してみれば、そんな予定調和の関係では、自分の知らない自分にも出会えないということが分かります。

図4-2に掲げた「対人関係における気づきのグラフ」を使って考えてみましょう。これは、心理学者のジョセフ・ルフトとハリー・インガムが考案したモデルで、二人の名の一部を合わせて「ジョハリの窓」と呼ばれています。この図でいえば、キャラを演じている自分は、Ⅰの象限に該当すると思われるでしょう。それに対して、しばしば私たちは、本当の自分はⅡの象限にあるものと考えます。前著で述べた内キャラはここに該当するでしょう。あるいは、自分探しの最中にいると考える人なら、本当の自分はⅣの象限にあると感じるかもしれません。

	自分は知っている	自分は知らない
他人は知っている	**Ⅰ．開放の窓** 自分も他人も 知っている自己	**Ⅲ．盲点の窓** 自分は気づいていないが 他人には知られている自己
他人は知らない	**Ⅱ．秘密の窓** 自分は知っているが 他人は知らない自己	**Ⅳ．未知の窓** 自分も他人も 知らない自己

図4-2　ジョハリの窓

しかし、これらはいずれも錯覚です。私たちは、鏡に映してみなければ、自分の姿を自分で見ることができません。それと同じく、客観的な自分の姿は、他者の反応という鏡を通してしかモニターできないのです。たとえば、電車のなかでスマホの画面に見入っているとき、自分がどんな「スマホ顔」をしているのか、その表情は自分では分かりません。あるいは妙な癖が出ているかもしれませんが、意外と自分では気づかないものです。しかし、周囲の乗客の目には、その様子がしっかりと映っています。そして、他人から見えているその姿こそ、客観的に捉えられた本当の自分の姿のはずです。本当の自分とは、じつはⅢの象限にあるものなのです。

ところが、予定調和の関係では、互いに相手の期待を読んで、それに応えるように演じつづけようとします。必要とされる役回りだけが互いに期待され、それ以外は求められないからです。関係の維持にとって、人格の全体像はむしろ阻害要因になってしまいます。そのため、自分の知らない自分の姿を相手が教えてくれることはありません。いいかえるなら、相手の意外な反応に出会うことがなければ、本当の自分の姿と出会うこともできないということです。

新聞記者の小国綾子さんは、生きづらさを抱えた若者や子どもの取材を長年にわたって積み重ねてこられた方ですが、中学時代には自分もリストカッターだったそうです。その自身の中学時代を振り返りつつ、花が受粉して実を結ぶために虻《あぶ》などの昆虫の助けを借りることを描いた吉野弘さんの詩を引用して、こう語っています。「長いめしべと短いおしべ。簡単に受精できない花の形。吉野さんは「生命の自己完結を阻もうとする自然の意志が感じられないだろうか」と問う。常に好ましいわけではなく、時にうとましくわずらわしい他者。しかし「そのような『他者』によって自己の欠如を埋めてもらう」のが人間なのだ、と。／好きな相手や似た者同士で固まるのは楽だけど、それでは「自己の欠如」は埋まらない。ある時は見知らぬ誰かが私のための虻となり、ある時は私が誰かのための虻となる。／確かに私の人生、そんな他者との出会いの積み重ねだったのかも」（『毎日新聞』二〇一四年二月四日）。

人間関係とは、互いの衝突を契機にそのあり方が見直され、再構築されていくものです。そうすることで、周囲の環境の変化にも柔軟に対応していけます。新しい自分を発見していくこともできます。しかし、あらかじめ衝突の危険性を回避し、予定調和の関係を営んでいるかぎり、その関係が次のバージョンへとレベルアップされ、深まっていくことはありえません。自分の知らない自分に出会うこともできず、したがって環境の変化にも耐えられません。キャラを演じあうことで維持される人間関係は、表面上は安定した関係のように見えますが、それは今この場かぎりのものであって、長い目で見ればじつは意外と脆《もろ》いものなのです。

匿名化された人間関係

キャラとは、人間関係というジグソーパズルを組み立てている個々のピースに当たるものです。前著のブックレットで、私はそう説明しました。個々のピースの輪郭は単純明瞭ですが、それぞれが独自の形をもち、互いに異なっているため、他のピースとは取り替えがききません。ピースが一つでも欠けると全体の構図は損なわれてしまいますから、集団のなかに独自のピースとして収まっているかぎり、自分の居場所が脅かされることもありません。その点から見れば、キャラとは、集団のなかに自分の居場所を確保するための工夫の一つともいえるでしょう。

しかし、予定調和のなかで演じられるキャラとは、各自が勝手に定めることができるものではなく、周囲との関係で決まってくるものです。しばしば自分の個性の表現のように思われたりもしますが、自分のキャラを自分で勝手に決めることはできません。しかも、それぞれのピースの形が、全体の構図のなかに収まるように定められるという点に着目するなら、もしもまったく同じ輪郭のピースが他のどこかで見つかれば、それは自分のピースと置き換えが可能ということにもなります。現在の子どもたちが、他人とキャラが重なってしまうことを「キャラかぶり」と称し、なるべく回避しようと細やかな神経を使うのはそのためです。同じ輪郭のキャラの登場は、集団内での居場所を互いに危うくするからです。

あるいは逆に、どれだけ強い個性の持ち主であろうと、集団内であらかじめ配分されているキャラからはみ出すことも、また同様に忌避されます。全体の構図のなかにうまく収まらないと、やはり自分の居場所が危険にさらされるからです。各自が呈示するキャラは、あくまで予定調和の範囲内で割り当てられたものでなければなりません。このように、キャラ化された人間関係では、その安定感が確保されやすいのとは裏腹に、そこに居るのが他ならぬ自分自身だという確信が揺らぎやすくなります。いわゆる「キャラ疲れ」の根底に、じつはこのような不安が潜んでいることを見落としてはなりません。

このところ世間で盛んになっている婚活を例に挙げて考えてみましょう。昨今の婚活の流行《はや》りはマッチング方式と呼ばれるものです。希望する相手の条件をあらかじめ列挙しておき、それらの一致度が高い者どうしでの出会いがセッティングされます。できるだけ短時間で多くの人と出会う機会を増やすには効率のよいシステムですが、特定の相手とじっくり向きあって関係を育んでいくことは難しくなります。出来合いの錠前に合った鍵を見つけるような感覚で、あらかじめ自分と適合するスペックを備えた相手を見つけようとするものだからです。

このシステムが想定しているのは、あらかじめ完成された予定調和の関係です。二人で成長しあいながら培っていく関係ではありません。したがって、もしもその活動がうまくいかないとすれば、その理由は条件通りの相手がなかなか見つからないからというよりも、互いにそこに単独性を見出しえないからでしょう。「条件さえ合致するなら、この人の相手は自分でなくてもよかったかもしれない」。そういう不安を払拭できないのです。このように、ピースの形があらかじめ定まった関係では、自分の居場所が安全に確保されているように見えて、じつはその確証を得られません。同じ条件さえ整えば、別人でもよかったかもしれない可能性がつねに付きまといます。予定調和の世界では、私たちは代替可能な存在となって、かけがえのなさから疎外されてしまうのです。

このような観点から眺めれば、キャラには特別性はあっても、しかし単独性はないといえます。それがいかに個性的なものであったとしても、つねに匿名性をはらんでしまいます。ここに、予定調和を重んじるキャラ化された人間関係の落とし穴があります。そして、その落とし穴は、キャラ化と親和性の高いネット上でとくに顕在化しやすくなります。ネットの匿名性は、たしかにキャラ的な人間関係の維持を容易にしますが、他方で代替可能性への不安も増長しやすいのです。ネット上でいくら濃密な関係を築いても、この代替不安から逃れることはできません。むしろそこで純化されるキャラ的なコミュニケーションは、しばしば「成りすまし」によるトラブルや事件が問題となるように、逆に代替への不安を煽っていくばかりです。

ジグソーパズルのピースがそうであるように、キャラには明確な輪郭線が求められます。そうやって曖昧さが排除され、実現される予定調和の世界は、たしかに見通しのよいものかもしれません。しかし、そこではあらかじめ想定された枠組みに収まりきらない多様性が認められません。だから、キャラの輪郭さえ合致するなら、ここに居るのは自分でなくてもよかったのかもしれないという不安が募っていくのです。「代替可能な私」の不安から抜け出すことができないのです。コンビニエンス・ストアやファスト・フードの店員が、店のマニュアルに従って動くことさえできるなら、ここに居るのは自分でなくてもよかったかもしれないという疎外感を抱きがちなのと同じで、自己の単独性がそこでは保証されえないからです。ここが能面とは決定的に違うところです。

代替不安からの逃避

このように見てくると、今日のいじめ問題も、互いの代替不安から生ずる集団的な自傷行為のようなものだと気づくでしょう。いじめの被害に遭ってもその状況から逃れられない子どもたちだけでなく、その加害の側に回っている子どももまた、同様にこの代替不安を抱えているからです。互いの眼差しを集中させる標的をどこかに作ってやれば、集団内における自分たちの居場所は確保されます。その標的をネタにいじりあうことで、キャラを演じる舞台が確保されることになります。共通の関心がその標的へと集中して向けられるので、自分たちの不安を一時的にでも紛らわすことができるのです。かつてだったら、学校の教師や家庭の親たちがその標的の役割を担うこともできたでしょう。しかし今日では、世代間ギャップも縮小し、大人と子どもの関係がフラットに近くなっています。そのため、大人たちを敵役に回すことはできません。だから、自分たちの人間関係の内部に標的を探さざるをえないのです。

今日の学校生活において、友だちは必須のアイテムです。しかし、価値観の多様化と流動化によって互いの趣味趣向が多種多様になった現在では、安定した共通の関心事を持ちつづけるのは至難の業です。その過酷な環境を生き抜くために、潜在的には代替不安を抱えつつも、なんとか周囲から浮かないように必死の努力を払っています。それがイツメンの世界です。その予定調和の関係を保つために互いに日々協力しあっているのに、意図せずともその秩序を乱しかねない振るまいをしてしまった子どもが仲間内に現れると、途端に容赦ない攻撃が彼にしかけられることになります。いじめの口実として、しばしば「正当防衛」が使われるのはそのためです。

いじめの実態に詳しい方からこんな実例を聞いたことがあります。学校の放課後にファミリーレストランに出かけた仲良しグループで、軽食とともにフリードリンクを頼もうという話になりました。そのとき、少々家計が苦しく、小遣いの少ないある子どもだけが水で済ませたのです。次の日から、その子どもだけがグループからの誘いをいっさい受けなくなりました。仲間外れにされたのです。私たち大人は、貧しい家庭の子どもを差別していると感じるかもしれません。しかし、彼らの感覚は違います。自分たちのフラットな関係の秩序を乱した人間に対する正当防衛なのです。

みんなでフリードリンクを頼んでいるときに、ひとりだけ水を飲んでいる友だちの姿を、周囲の客たちからじろじろ見られて、自分たちが恥ずかしかった。それが彼らの言い分です。しかし、それが最初から予想された行動であったなら、その子どものキャラとして捉えられていたなら、おそらく仲間の反応も違っていたことでしょう。予期せぬ行動だったからこそ、それは秩序を乱す行為とみなされてしまったのです。もちろん、彼らの行為を弁護するわけではありません。こういった「悪意なき差別」は、当事者たちにその自覚がない分だけ過激化しやすく、質《たち》が悪いといえます。

さらにいえば、就職にあたってもコミュニケーション能力が偏重される今日の社会では、このような形で貧困の親子連鎖が進む面もあることを見落としてはなりません。近年、家計を助けるために放課後はアルバイトに従事せざるをえず、仲間と一緒に遊んだり部活に参加したりする余裕のない高校生も増えています。貧富の格差が人間関係の格差を生み、それがコミュニケーション能力の表層的な評価を通して、貧困の再生産へとつながっている面もあるのです。その意味でも、今日の社会では人間関係が重要な資本と化しているのです。

話を戻しましょう。いずれにせよ、このように集団内で割り振られたキャラから外れる行為をしてしまった場合や、集団内の誰かとキャラのかぶる行為をしてしまった場合に、いじめは起きやすくなります。いや、自分たちの代替不安をとりあえず取り除くためには、みんなで何かに盛り上がっている状態を作り出すのが最適ですから、そのための標的を得るために、いじめの口実はいくらでも捏造《ねつぞう》されます。前章で述べたように、今日のいじめでは、誰がその標的になるか、ほとんど偶然の産物といえます。個人に内在する属性ではないので、いったん標的が選ばれてもそこで固定せず、友だちの輪のなかを順番に回っていくことも珍しくありません。友だちの態度に対して誰もが敏感に反応し、けっして逸脱した行動をとってはならないと身構えているのはそのためです。

これまで、いじめ問題がクローズアップされるたびに、大人たちは道徳教育を充実せよと叫んできました。そこで重要な徳目の一つとして挙げられるのが協調性です。「お互いに協調しあって、仲良くしなければならない」というわけです。しかし、子どもたちにしてみれば、この協調性という言葉は、しばしば用いられるいじめの口実の一つにほかなりません。「いじめられても仕方ない。だって協調性がないのだから」というわけです。けっして周囲から突出してはならず、協調しあいながら摩擦を避け、仲良し関係を営みつづけなければならない。そういった過剰な同調圧力こそ、今日のいじめの根底に潜んでいるものです。だとしたら、そんな徳目は、いじめ問題を解決するどころか、むしろ逆に深刻化させていくだけでしょう。一致団結のような熱いつながりの強要は、かえっていじめの土壌を育んでいきかねないのです。

いや、自分はそんな時代錯誤の態度をとったりはしない。それぞれが個性を発揮して自由に振るまえばよい。金子みすゞの詩にも「みんなちがって、みんないい」とあるではないか。そう考える大人たちも多いかもしれません。しかし、たとえば地域や学校をあげて「いじめ撲滅運動」なるものに取り組もうとしているとき、「そんなこと、やってられねぇよ」などとうそぶく生徒を目の前にした大人たちは、いったいどんな態度をとってきたでしょうか。「みんなで真剣に取り組もうとしているのに、そんな態度はけしからん」と考えてきたのではないでしょうか。

最近は、子どもたちも敏感に空気を読みあっていますから、おそらくそんな態度をとる生徒はいないでしょう。大人の側も、いまや子どもとの関係がフラット化していますから、仮に目にしても強力な指導を加えることは稀でしょう。そんな反抗を示すだけの元気ある子どもが見当たらなくなったことが、またそんな子どもと面と向きあうだけの余裕ある大人も見当たらなくなったことが、じつは今日のいじめの蔓延とその陰湿化を招いている面もあるのですが、それはさておき、もしもそういった子どもが目の前に現れると、そこに批判的な感情を抱き、排除の視線を向けてしまう大人も多いのではないでしょうか。臨床心理学者の河合隼雄さんの言葉を借りれば、私たちは教育を行なうとき、知的なレベルでは「個の倫理」に訴えようとしますが、実践のレベルでは「場の倫理」を優先させてしまいがちなのです(『大人になることのむずかしさ』岩波現代文庫、二〇一四年)。

いうまでもなく、このような二重規範こそ、今日のいじめを背後で支えているものです。そのことを自覚しておくべきなのは、教師や親だけではありません。日本人みんながそう自覚すべきです。なぜなら、新自由主義が浸透するなかで無縁化の不安に駆られた人びとが盛んに口にするようになった「絆の大切さ」という聞こえのよい言葉にも、あるいは東日本大震災後に復興のスローガンのように唱えられてきた「日本はひとつ」「つながろう日本」といった勇ましいかけ声にも、まったく同じ「場の倫理」を読みとれるからです。「個の倫理」を圧殺しかねないこれらの言葉に対して、いったいどれほどの日本人が違和感を表明しえてきたでしょうか。

つながりの質的転換へ

日本青少年研究所が継続して行なってきた「高校生の生活意識調査」によれば、自分がダメな人間だと思うことがあると答えた高校生は、次頁の**図４-３**が示すように、一九八〇年代から今日まで一貫して増えつづけています。この傾向には様々な要因が絡んでいると推察されますが、いままで見てきたように、自分のかけがえのなさの感覚が彼らから奪われてきたことも、その大きな要因となっているに違いありません。他の誰とも代替不能な自分がここに紛れもなく存在している。そういった存在論的な安定感の揺らぎは、彼らの自己肯定感を根底から傷つけざるをえないからです。

自傷行為を繰り返している子どもに向かって、けっして口にしてはならない言葉があるといいます。それは、命の大切さを説くことです。彼らは、そんなことは先刻承知です。それでもなお自分を傷つけざるをえないほど、気持ちが追いつめられているのです。そこに正論を突きつけられても、自分の気持ちに寄り添ってもらっているとは感じられません。それどころか、そんなにも大切な命を粗末にしてしまう自分はなんてダメな人間なのだろうかと、さらに彼らを追い込んでいくだけになってしまいます。

先ほど、今日のいじめも集団的な自傷行為のようなものだと述べました。だとしたら、いじめ問題に対して、協調しあうことの大切さを強調したり、あるいは絆の尊さを訴えたりすることは、リストカッターに対して命の大切さを説くのとまったく同じく、ネガティブな効果を持つことになりはしないでしょうか。今日の子どもたちは、そんな徳目はすでによく知っています。それどころか、その二重規範への強いとらわれこそ、今日のいじめ問題の背後にあるものです。そこに追い打ちをかけても、彼らの自己否定感をさらに強めていくだけのような気がしてなりません。

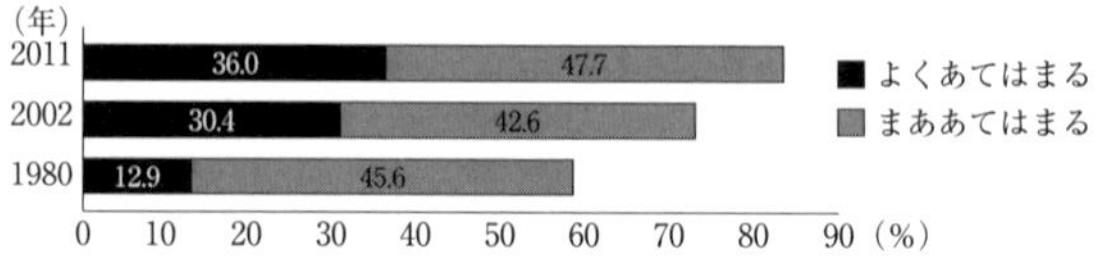

図 4-3　自分がダメな人間だと思うことがある

(日本青少年研究所「高校生の生活意識調査」,『週刊教育資料』No. 1262 から転載)

一方、全般的にそんな自己否定感が強まる傾向のなかでも、第1章で引用した「子どもとメディア」の調査によれば、自分には良いところがたくさんあると思っている子どもには、ケータイやスマホの使用時間が短い傾向を見てとれます。また前章では、今日の親子がフラットな関係になっていることの功罪についても言及しましたが、家族が自分を信頼していると感じている子どもほど、やはりケータイやスマホの使用時間も短い傾向がうかがえます。そうしてみると、先ほど触れたモバイル機器の機能制限も、じつは対症療法にすぎないことが分かります。ネット依存の本質的な問題は、むしろ日常の人間関係の築かれ方にこそあるのです。

そもそも、人びとに過度の熱いつながりを強要し、一致団結を求める態度は、みんなと違うことを悪とみなし、運命の共有を強要し、そこから外れて振るまう人間を断罪しかねない危険をはらんでいます。現実には、人びとの運命の多くは偶然の産物ですし、だからこそ一律には推し量りえない代替不能な喜びや楽しみ、あるいは悲しみや苦しみがあるはずです。生きることの素晴らしさも、またその困難さも、人によって千差万別のはずです。しかし、強い絆や一致団結を求める圧力は、その本来の多様性を否定しかねない圧力へと転じる危険を秘めているのです。

だとしたら、いま私たちが目指すべきなのは、内部で閉じた強固な結束ではなく、緩やかに外部へと開かれたつながりではないでしょうか。無縁化への対処も、けっして過去の共同体を復活させることではなく、むしろ人間関係の軸足を外部へ広げ、現代に見合った形へとつながりの質を転換させていくことで実現されなければなりません。価値観の多様化を押し止めるのではなく、むしろ促進していかなければならないのです。事実、ＬＧＢＴ（レズビアン・ゲイ・バイセクシャル・トランスジェンダー）の当事者団体「いのちリスペクト。ホワイトリボン・キャンペーン」が二〇一三年に行なった学校生活実態調査によれば、一〇〜三五歳の性的マイノリティの若者や子どもの約七割が、小中高校時代に深刻ないじめや暴力を受けた経験を持ち、さらにその約三割が自殺を考えるまで追い込まれた経験を持っています。ここには異質な者の排除という従来型のいじめの構造が歴然と見られ、その点からすれば価値観の多様化はまだまだ不十分とすらいえます。

もっとも、関係を外部に開いていくことだけが能ではありません。身近な人間との関係のなかにも、多様性の種は数多く隠されています。ケータイやスマホのような電子機器に頼りきらず、あるいは表面的なキャラにもとらわれずに深く付きあっていけば、そのことにも自ずと気づけるはずです。そして、そうやって真の多様性へと開かれた関係のなかでは、つながり依存から生じている今日のいじめも減っていくにちがいありません。では、そのために必要なことは何でしょうか。

第四回AKB総選挙の際には、最年長のメンバーだった篠田麻里子さんが、若手のメンバーに向かって「潰すつもりで来てください。私はいつでも待っています。そんな心強い後輩が出てきたならば、私は笑顔で卒業したいと思っています」と強烈な言葉で檄《げき》を飛ばして話題になりました。これは、かつての承認される側から脱して、逆に仲間を承認する側へと、彼女が立場を変えていったことを物語っています。実際、第五回総選挙で若手メンバーの台頭を見届けた彼女は、「後輩たちの勢いのある背中を見ていたら本当に嬉しくなったし、AKB48に悔いはありません」との言葉を残して卒業していったのでした。

ひるがえって、昨今の子どもたちが置かれている状況を眺めてみると、周囲から見つめられる側へ一方的に押し込められすぎていることに気づきます。一時期、子どもが被害に遭う事件が続いたこともあって、少しでも危険にさらすまいと安全な場所にひたすら囲い込もうとしてきたからです。その結果、子どもたちは、つねに自分が承認される側へと埋没させられてしまっています。そのため、自分が周りから求められ、必要とされる経験をなかなか持ちづらくなっているのです。

もちろん、まずは子どもたちをきちんと見つめ、大人に対して全面的に依存できる関係を築いてやることが重要です。まずは彼らの承認願望を心ゆくまで満たしてやらなければなりません。しかし、その後は、自立への一歩を歩み出すきっかけを積極的に作ってやる必要もあります。ある段階で、見つめられる側から見つめる側へと、承認のベクトルを反転させてやらなければならないのです。自分が周りから求められる側に立ち、そこで必要とされている実感を得ることが、自己肯定感の確固たる基盤となるからです。人は、自分が求められ、頼りにされれば、異質な相手とでもつながろうとするものです。そこに自分の存在価値を見出すからです。逆にいえば、そのような実感を得ることができず、自己肯定感の揺らぎがちな人たちが、一方的な依存先と圧倒的な拠り所を求めて、先ほど述べたカリスマ待望論へと走っていくのです。

では、私たち大人は、明日から具体的に何をすればよいのでしょうか。先ほども引用した小国綾子さんの言葉を、もう一つ紹介しておきましょう。「「親にしかできないこともあるが、親だからできないこともある」と、長年の若者の取材で痛感してきた。親以外の信頼できる大人との出会いは、子供の生きる力になる。生死を分けることもある。親にできるのは、我が子を囲い込まず、信頼できる他人の大人に会わせること。そして自分も、よその子にとっての「信頼できる大人」になろうと努めることではないか」(『毎日新聞』二〇一二年八月七日)。これは、親だけに向けられた言葉ではないはずです。子どもたちに範を垂れるためにも、まずは私たち大人自身がつながりの質を変え、緩やかに開かれた関係を構築していかなければなりません。

『論語』の子路篇に、「君子は和して同ぜず、小人《しょうじん》は同じて和せず」という言葉があります。ネット依存やいじめ問題といった「つながり過剰症候群」から子どもたちを解き放つ道筋は、まさにこの言葉のように、他者と適度なつながりを保ちつつ、そのなかで同時に多様性を確保していくにはどうしたらよいのか、その観点から考え、対策を練っていくべきものでしょう。

土井隆義
1960年，山口県に生まれる．筑波大学人文社会系教授．社会学．大阪大学大学院人間科学研究科博士課程中退．博士(人間科学)．
著書に『「個性」を煽られる子どもたち――親密圏の変容を考える』，『キャラ化する／される子どもたち――排除型社会における新たな人間像』，『「宿命」を生きる若者たち――格差と幸福をつなぐもの』(以上，岩波ブックレット，2004年，2009年，2019年)，『少年犯罪〈減少〉のパラドクス』(シリーズ「若者の気分」，岩波書店，2012年)，『人間失格？――「罪」を犯した少年と社会をつなぐ』(シリーズ「どう考える？ニッポンの教育問題」，日本図書センター，2010年)，『友だち地獄――「空気を読む」世代のサバイバル』(ちくま新書，2008年)，『〈非行少年〉の消滅――個性神話と少年犯罪』(信山社，2003年)など．

つながりを煽られる子どもたち
――ネット依存といじめ問題を考える
岩波ブックレット 903

2014年6月20日 第1刷発行
2024年11月25日 第14刷発行

著　者　土井《どい》隆義《たかよし》

発行者　坂本政謙

発行所　株式会社 岩波書店
〒101-8002 東京都千代田区一ツ橋2-5-5
電話案内 03-5210-4000　営業部 03-5210-4111
https://www.iwanami.co.jp/booklet/

印刷・製本　法令印刷　装丁　副田高行　表紙イラスト　藤原ヒロコ

ISBN 978-4-00-270903-1　Printed in Japan